新版 「かみつき」をなくすために

子どももおとなも安心な毎日を

西川由紀子 著
イラスト 柏木牧子

かもがわ出版

装画・イラスト　柏木 牧子

はじめに

二〇〇四年に『「かみつき」をなくすために保育をどう見直すか』というタイトルで本を出版したとき、「かみつき」を本のタイトルにするなんてと、驚きの声をいただきました。保育現場ではとてもよくあることだけど、それを正面に据えて議論することが当時はまだ少なかったのだと思います。それから各地で実践が積み重ねられ、工夫を交流しつつ20年の月日が流れましたが、「かみつき」の問題は相変わらず乳児保育の大きな悩みとして残っています。

「かみつき」の問題がなくならないのは、小さな子どもたちが、はじめて人とかかわろうとするとき、その方法がうまくつかめず、いざこざになってしまい、結果としてときに「かみつき」になってしまうからだと思います。保育現場では、それをなくす努力を重ねていますが、ゼロにすることが難しいのが現状です。けれど、それはあって当たり前ということではありませんし、また、なくすことはできないということでもないと思います。

「かみつき」の特徴として、子どもが痛い思いをするだけでなく、跡が残るために保護者のこころにも痛みを残すことがあげられます。そのことは保育者にとっても、大きな負担となるため、保育者はなんとか「かみつき」を減らし、子どももおとなも安心して暮らせる保育をつくっていきたいと願っているのだと思います。

そこで本書では、これまでわたしがたくさんの子どもたちから学んだこと、保育者から学んだことを再度まとめ直し、また、新たにアンケート調査を実施することで、乳児保育の急速な普及に伴って規制緩和が進んだ現在の保育現場での「かみつき」の状況を分析し、今日の乳児保育の課題を考えたいと思います。

多くの方に読んでいただいた『「かみつき」をなくすために保育をどう見直すか』は射場美恵子さんとの共著でした。今は絶版になったので、そこで射場さんが伝えてくださっただいじなポイントをここに再掲しています。そのほかにも、乳児保育黎明期の一九七〇年代から、京都で田中昌人氏らの発達理論をはじめ、保育問題研究会での集団づくりの議論など多方面から学びを深め、試行錯誤の中、乳児保育を切り拓いてきた世代のベテランの先生方からうかがってきたことも紹介しています。日本の乳児保育のはじまりのころから、子どもたちの主体性をたいせつにすることを中心において保育を組み立てられていたことをあらためて確認することができました。

今日、当時は考えられなかった乳児保育の急速な普及に伴う困難や、保育園への期待が高まる中での事業の多様化、ＩＣＴ化など、さまざまな変化の波のなかで、今、乳児保育で何をたいせつにしていくかを考えられたらと思います。

保育現場では、かみつきとともにひっかきも大きな悩みとなっています。ここでは、「かみつき」をかみつきとひっかきの両方を指すものとして使用することとします。

本書の中に、わたしがこれまで出会ったたくさんのエピソードを紹介していますが、個人情報保護のため名前はすべて仮名としています。

もくじ

Ⅲ　アンケート調査から見た「かみつき」の実態　43

I

「かみつき」の事例から考える

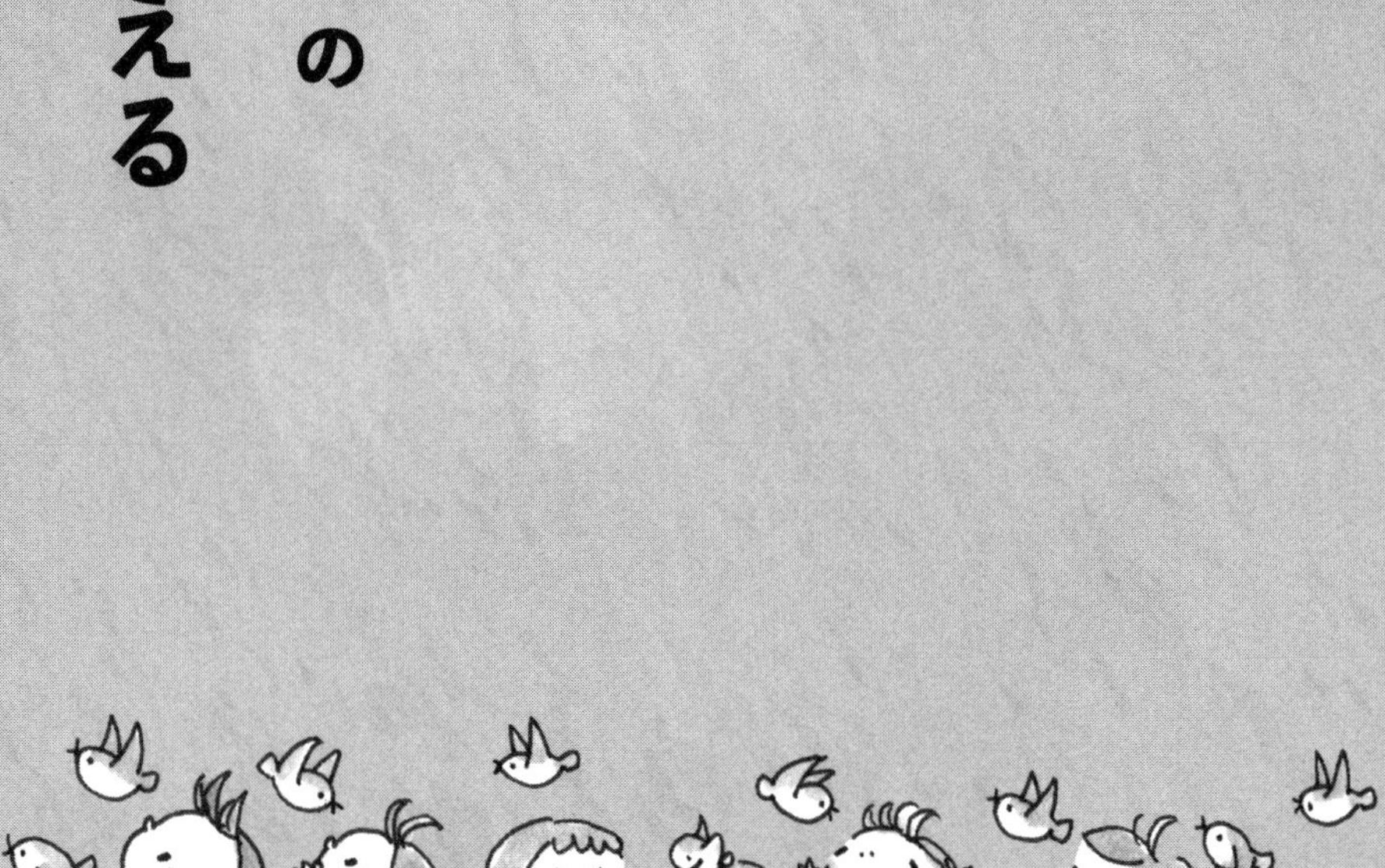

1 「かみつき」が起こる場面

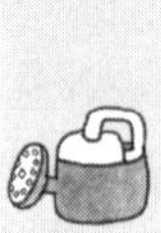

まず、わたしが保育園で観察させていただいていたときに遭遇した「かみつき」の場面をあげて、そこでの子どもの気持ちを考えたいと思います。

●自己主張としての「かみつき」、イライラが加わっての「かみつき」

［事例1］

0歳児クラス11月。1歳半のけいちゃんが隣の部屋との境の柵に足をかけて立っていたところに、ひかちゃんが並んで立とうとやってきました。けいちゃんはひかちゃんの柵をもつ手に噛みつこうとしました。そばにいた保育者が「アムしたら（かんだら）あかんよ」と穏やかに制止しました。そのとき放送が入り、避難訓練をおこなった直後、けいちゃんがひとりであそんでいるあいちゃんに近づき、そのほっぺに「かみつき」の跡をつけてしまいました。一瞬の出来事でした。

けいちゃんは、ひかちゃんが隣に来ることを断っています。狭くなるのがいやだったのかもしれませんし、気が乗らなかったのかもしれません。ひかちゃんとの思いがすれ違い、「もやもや」が残ったそのときに、避難訓練で、保育が中断して、「もやもや」のフォローができないままになりました。本来なら「かみつき」を制止した後は、楽しくあそんでふたりの気分を変えられるようにするはずでしたが、避難訓練で対応できませんでした。次にそばにいったあいちゃんともうまくあそべず、あいちゃんは突然噛まれることになって

しまいました。あいちゃんも、保育者も、けいちゃんも、悲しい気持ちになる出来事でした。

【事例2】

3ヶ月後の0歳児クラス。1歳9ヶ月になった子ども同士のやりとりです。先ほどと同じ柵に、足をかけて乗り、隣のクラスのようすをたろちゃんとちかちゃんが見ています。そこにひかちゃんがやってきて「カーワッテ」と言いながら、たろちゃんを押しのけつつ、そのほっぺを噛んでしまいました。たろちゃんがほっぺを冷やしてもらっているようすを指さして、先生がひかちゃんに「たろちゃん、あいたたなったし見に行こう」と手を引いて連れて行き、たろちゃんの傷を見せます。ひかちゃんはその赤くなったところをそっとさわって「イタイ」と言い、反省しているようすです。

ひかちゃんは、「かみつき」をするたびにいつも先生に言われている通りちゃんと「カーワッテ」と言ってはいるのですが、直後に噛んでしまっています。せっかくことばを話せるようになってきたものの、相手が反応する「間」をおくことはまだ難しく、ことばと同時に噛んでしまったひかちゃんでした。傷口は深くなく、相手を威嚇《いかく》するためにちょっと噛んでみたことがわかる跡でした。自分がことばで表現している要求をはっきり相手に伝えるための補強手段のようでした。自分の思いをことばも使って表現したり、相手の表情をみたり、傷跡をみることで、相手の気持ちを少し理解して、ちょっとずつ大きくなっていることが実感できるなかでの「かみつき」でした。

●午睡前の絵本の時間のいざこざ

［事例3］

2歳児クラスの春のことです。子どもたちが昼食を終え、着替えもほとんど終わった時間帯に、一人の先生が、廊下で子どもたちを集めてお昼寝前に絵本を読んでいました。そこに隣のクラスにあそびに行っていたしょうちゃんがかえってきました。『あっ、始まってる。急がなきゃ』とでも言いたげなようすで輪の中に入ってくると、前列の中央に座ろうと割り込んで行きます。とばっちりをうけたのがのんちゃん。場所を空けてほしいしょうちゃんは、のんちゃんの髪の毛をぎゅっとつかんで押しのけたのです。後ろ向けに倒れてコンと頭を打ったのんちゃんは泣き出します。先生が絵本を中断して、のんちゃんをなぐさめにいったそのとき、のんちゃんの隣に座っていたゆうちゃんが割り込んできたしょうちゃんの肩をガブッと噛んでしまいました。

ゆうちゃんの気持ちはわかるような気がしました。絵本を読んでもらっていた楽しい時間が、しょうちゃんが入ってきたことで台無しになっていたからです。この場合、噛み跡をつくったのはゆうちゃんですが、原因はしょうちゃんにあり、ゆうちゃんだけが悪いのではないことがわかります。この出来事をこの子どもたちをよく知っているベテラン保育者に伝えたら、「絵本大好きなしょうちゃんがまだ来てないな」と気づいたら、絵本を読み始める前に、しょうちゃんの場所を最前列にとっておいたらいいとのことでした。手薄になっている昼寝前の時間帯、

ひとりひとりの子どもの特徴をつかんだ保育者のそのような配慮があることで、安全に過ごすことができるのだと学びました。けれども、若手にとってはひとりでたくさんの子どもに絵本を読むことで精一杯。なかなか、そこまでの配慮は難しいと思います。

●理由のわからない「かみつき」

【事例4】

1歳児クラスの夏です。お昼寝が始まる時間帯、用意ができた子どもから自分の布団に向かっていく場面でのことです。布団に向かっていった子がそのまま隣の子に抱きついたので、仲がいいなぁと思って見ていると、先生が「わ！」とふたりを引き離されました。ほっぺにか噛み跡がついていました。そのふたりには、直前にはなんのかかわりもなかったように思われたので驚きました。

このような理由のわからない「かみつき」はどこにでもあるようで、そのようすを「そこに腕があったから」ということばで表現されているケースが多数あり、理解の難しさがしのばれます。でも理由はわかりにくくても何かあるはずです。たとえば、前にいる子の背中に噛みついた理由として、床に貼られたテープの上にその子が立ってたのがいやだったのかもしれないと推測したり、自分が行こうとしている進行方向にいたから邪魔だったのではないかと思ったり、あそんでいて楽しくなりすぎたのではないかと思ったり、いろんな推測がなされていました。「かみつき」が起こってから、その理由を考えることはできても、未然に防ぐことは難しく、現場での悩みのたねとなっているようです。

2 「かみつき」と友だちとかかわりたい気持ちの関係

こうしてみてくると噛みついた子には、多くの場合何らかの理由があり、保育の中で、友だちと気持ちを通わせているからこそ、いざこざになっていることがわかります。子どもは友だちとかかわって生活し、自己主張しています。子どもたちが子ども同士のかかわりを求めている姿を紹介したいと思います。

【事例5】

0歳児クラス3月。みっちゃん（1歳9ヶ月）がブロックをつないでヘビをつくりました。そのヘビを引きずって（?）保育室を歩く中、お座りをしてみんなのようすを見ているひなちゃん（1歳4ヶ月）の手の届くところで、ヘビに見立てたブロックを止めます。ひなちゃんが目の前のブロックに手を出そうとすると、先生が「それはみっちゃんがつくっただいじなのやから、これどうぞ」と別のおもちゃを渡しました。一件落着と思いきや、保育室をぐるっと回ってまたみっちゃんはひなちゃんの前に戻ってきて止まります。ひなちゃんは、今度は先生が到着するより早くみっちゃんのブロックに手を出したので、ブロックは崩れてしまいました。みっちゃんは天井を見上げて「あーん、あーん」と声をあげて泣き、先生になぐさめられていました。

みっちゃんは泣いていましたが、わざわざひなちゃんの前でブロックを止めたのはみっちゃ

んです。ひなちゃんが触ると壊れることは予想できなかったのかもしれませんが、たくさんいる友だちの中で、みっちゃんはひなちゃんにそのヘビを見せたかった、ひなちゃんとかかわりたかったのだろうと思います。この時期は、みっちゃんの思いが先行していましたが、次第にふたりがいっしょにあそべるようになり、幼児クラスでは一番の友だちになっていました。この出来事は、みっちゃんの「ひなちゃんが好き」という思いの表現だったのだと思います。

【事例6】

0歳児クラスの2月。れんちゃんはミニカーを3つ机の上に並べてあそんでいました。そこにあおちゃんがやってきて、ひとつを取ろうとしました。れんちゃんが「あー!」と声をあげて噛みつきそうになると、保育者がそばに来て、「あおちゃん、それはれんちゃんが使ってるから、こっちであそぼう」とあおちゃんをその場から離れさせるという場面がありました。しばらくするとれんちゃんは、ミニカーであそぶのをやめて、少し離れた場所で数名で絵本を見ている子どものところに寄っていき、調子よくみんなで絵本を指してあそび始めました。そのときにあおちゃんがミニカーのところに戻ってきて、先ほど借りたかったミニカーを手に取りました。ゆっくりミニカーであそぶといいなと思って見守っていると、意外なことにあおちゃんはミニカーを持った手を前に突きだして、床に座っているれんちゃんに見せようと近づいていきました。ところが絵本に夢中のれんちゃんはミニカーに気づいてくれません。するとあおちゃんはミニカーを元の机の上に戻して、手ぶらでれんちゃんたちのところに行き、いっしょに絵本であそび始めました。

あおちゃんが求めていたのはミニカーではなくて、れんちゃんとミニカーを介してかかわることだったのでしょう。この時期の子どもたちはことばで、「ね、○○してあそぼう!」と誘うことはまだできません。だから、ときには相手のものを取り上げたり、相手のいる場所に割り込んでいったりして、相手に近づき、かかわろうとしているのです。その結果、

噛みついたり、たたいたり、泣いたり、一時的にはマイナスの感情を引き起こすことになっても、気になる相手とかかわりたいのだと思います。

「かみつき」になってしまった事例からは、どの事例も、未然に防ぐことが難しかったことがわかります。そしてどの事例にも、それぞれ子どもの思いがあることもわかり、噛んだ子も噛まれた子も悪くないことがわかります。だから、止められなくて、跡が残ることになるのはつらいのです。理由のわからない「かみつき」についても、その子には何か理由があるに違いありません。思いを知るためには、その前後の子ども同士のかかわり、子どもとおとなのかかわりを、その場はもちろん、それまでの保育の流れを含めて振り返ったり、その時期の子どもの発達の特徴を理解していることが重要になります。子ども自身がまだことばでは説明できない思いをくみ取るための手がかりを、工夫してつかんでいくことがたいせつです。

子どもは子ども同士のかかわりを求めていることが、事例5と事例6からわかります。かかわらなければいざこざにはなりませんが、こころが通い合う楽しさも心地よさも体験はできません。なので、子ども同士のかかわりは保育の中で何よりたいせつにしたいと考えられているのだと思います。だから、子ども同士のかかわりを保障しつつ、「かみつき」はおこらないようにするための工夫が強く求められているのです。

そこで、次の章では、この時期の子どもの発達の特徴を解説し、続いて、保育者を対象としておこなったアンケート調査の結果を紹介しながら、「かみつき」を防ぐ方法を考えていきます。

Ⅱ

1歳児・2歳児の発達

ここでは、「かみつき」が多くの子どもにみられる1歳児と2歳児の発達について解説します。

1　1歳半ごろの子どもの発達

子どもたちは1歳を迎えるころから、「〜したい」という自分の思いをもち、表現することができるようになってきます。けれど、その気持ちをうまく人に伝えられないもどかしさももっています。この時期の発達の特徴を、1歳前半と1歳後半に分けて、解説したいと思います。

●歩行

（1歳前半）

歩き始めの子どもたちは、座った姿勢から立ち上がり、一歩足を踏み出してはしりもちをつくということを繰り返します。新しい移動の手段を自分のものにすることのよろこびにあふれている場面です。立ち上がって歩くことができるようになると、バランスがうまくとれずしりもちをつきながらも歩いて行きたいところに行けるようになります。

（1歳後半）

バランスをとって安定した歩行ができるようになり、行きたいところにときには小走りで向かうことができます。

●手指の操作・認識

・積木

（1歳前半）

積木の上に積木を乗せるといったことができるようになります。「積もう」と思っても、ひとつめの積木の真上で、力を抜いてもっている積木を手離すという「積む」という動作は難しく、まだたくさんは積めません。

（1歳後半）

「高くしよう」という思いをもって、積木をもちあげ、そっと離すことを繰り返し、たくさん積み上げていくことができるようになります。途中で倒れてしまったときには、自分で気持ちを立て直してやり直したり、周りのおとなの表情を見て、とまどいから立ち直ったり、自分なりにがっかりした場面から気持ちを切り替えることができるようになっていきます。積めたときに、周囲にいるおとなに「みて」というようなまなざしを向け、おとなに「じょうず！」と言われると、誇らしげに笑い返してくれます。

もちろん、その前提には、積めるようになる過程で、ひとつひとつ積めたおりに、おとなが「じょうずねぇ」とほめて、積むことのよろこびを共感して過ごすことが必要です。

・描画

（1歳前半）

鉛筆をもって、肘を支点にしてワイパーを動かすように左右に往復線を描くことができます。描くことが楽しく、力のこもった線が描かれます。

（1歳後半）

ぐるぐると円錯画が描けるようになります。紙いっぱいに描いたり、小さいぐるぐるを描いてみたり、そのときどきの子どもの思いも描かれているようです。

・はめ板

（1歳前半）

はめ板は、○、△、□の穴のあいたはめ板に円板を入れる課題です。丸い穴に円板を入れ

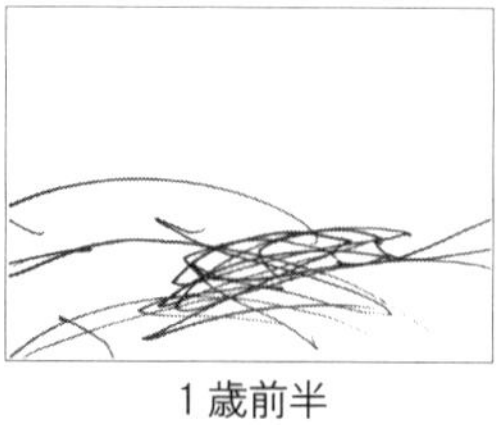

1歳前半

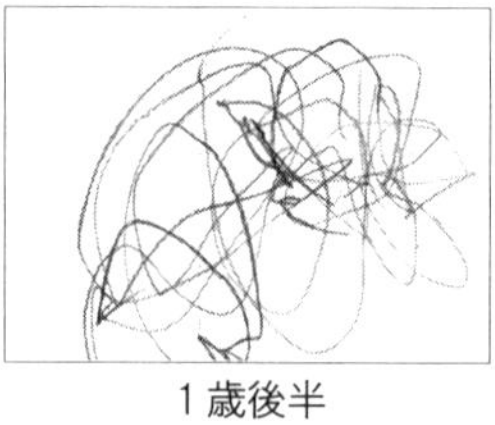

1歳後半

た後、はめ板を一八〇度回転させます。そこで、反対側に移った丸い穴に円板を入れることができるかどうかをみます。目の前に□の穴があるので、その□の穴に円板を力を込めて押し込もうと工夫する力が見られます。「入れよう」という懸命な気持ちがあらわれています。

（1歳後半）

一八〇度回転したはめ板をみて、目の前にある□の穴ではなく、反対側にある○の穴に円板を入れることができるようになります。最初から目で○の穴を追って入れる場合もあれば、いったん□の穴に入れてみたあとで、隣の△の穴、その隣の○の穴に入れる場合もありますが、円板が□の穴に入らないことがわかって、別の穴に入れようとする「切り替え」ができるようになることがポイントです。

日常の場面でみられる姿としては、たとえば、1歳前半ではペンをもったときに紙の側にペン先がこなかった場合に、線が描けないにもかかわらず、ペンの反対側で力をこめて描こうとするのが、後半になると、『あれっ？　おかしいな』という表情で上下を持ちかえることでペンの向きを変えることができるようになります。1歳前半では、うまくいかない場面にあっても、「〜したい」という思いでまっすぐに取り組み続け

るのに対し、後半になると「～したい」という思いをもって、取り組み方を「切り替え」て、よりよい方法を探す力がめばえてくるのです。

・表象

（1歳前半）

目の前にないものやできごとを思い浮かべることを表象といいます。からっぽのコップから水を飲むふりをしたり、積木をスマホにみたてて、電話するふりをすることは、表象を利用して「つもり」をもっている状態です。このようなしぐさをするおとなの「つもり」を理解したり、自分が「つもり」をもって行動することができ始めるのがこのころです。

ある日の0歳児の保育室でのことです。ままごとのからっぽの茶碗に指を入れて何かをつまみあげ、食べるふりをしたあと、「どうぞ」と何かをつまみあげるふりをして差し出すと、しほちゃん（1歳3ヶ月）とゆずちゃん（1歳4ヶ月）はわたしの指をなめました。ふみちゃん（1歳2ヶ月）は、わたしの指からは食べず、自分で指を茶碗に入れて何かをつまみあげて食べるふりをしました。めいちゃん（1歳2ヶ月）は、指を差し出されてぽかんとした表情でしたが、しほちゃんやゆずちゃんが再び食べるふりをするのをみて、自分もという仕草をするので何かをつまんだふりをしてその指をめいちゃんの手のひらに差し出すと、それを見たのち、自分の手のひらをなめました。

このように子どもたちは他者のふるまいを見ながら、「つもり」をもって行動し、あそべるようになっていきます。

（1歳後半）

節分の行事で保育室に現れた鬼を思い出して、3月の保育室でひかちゃん（1歳10ヶ月）とゆずちゃん（1歳10ヶ月）とけいちゃん（1歳10ヶ月）が鬼のお面をつけて、どしんどしんと歩くと、それをみたひとりの保育者はお面をつけて鬼になり、もうひとりの保育者は「鬼は外！」と叫びました。それにあわせて、ちかちゃん（1歳5ヶ月）ゆあちゃん（1歳11ヶ月）もいっしょに「鬼は外！」と叫びます。1ヶ月前の出来事をみんなが頭の中に思い浮かべて共有していました。

目の前にないものを思い浮かべる（表象）力があることで、友だちとのあそびがゆたかになっています。

どろんこあそびも保育者のひと言からジュース屋さんになります。コップにはっぱと水を入れて保育者が「おいしいおいしいジュースになーれ」とかきまぜると、それをみたさなちゃん（1歳11ヶ月）が同じようにコップにはっぱと水を入れてかきまぜます。それを「どうぞ」とわたしに渡してくれたので、「おいしそう」と受け取ると、さなちゃんが「ごはん！」と言うので、「おいしい」と答えました。やよちゃん（2歳3ヶ月）も、わたしに「食べていいよ」とお皿を差し出します。それを見ていたすっちゃん（1歳11ヶ月）は「いっしょにしよう」と保育者のそばにいき、まあちゃん（1歳11ヶ月）は保育者にコップを渡します。保育者は「いっぱいー！」と受け取りました。

保育者がちょっと入ることで、子どもたちがイメージを共有して、いっしょにあそぶことができています。

●コミュニケーションの力

・指さし・ことば

（1歳前半）

子どもは9ヶ月ごろから、おとなが指さした方向をみるようになり、1歳になったころから自分で指さしをして、相手の顔をみて、自分の思いを伝えることができるようになります（郷間他、二〇二二）。ほしいものをみつけて指さし、「トッテ、トッテ」の合図をしたり、絵本の中にすきなものを発見して指さし「ミテ、ミテ」と促したりすることで、相手に自分の思いを伝えています。「トッテ、トッテ」という指さしを「要求の指さし」、相手に自分のみつけたものを見てほしいと思って「ミテ、ミテ」や「アッタ」という気持ちで、みつけたものを指さすことを「叙述の指さし」と呼んでいます。

こんな場面がありました。らんちゃん（1歳3ヶ月）がようちゃん（1歳4ヶ月）の横に座り、ようちゃんの脚をつんつんとさわり、おもちゃを指さして、ようちゃんを見て何かつぶやきます。ようちゃんが指さされた方向を見るとらんちゃんはようちゃんに指さしたおもちゃを渡しました。

ことばは介していませんが、指さしでふたりの思いが行き来していることがわかります。相手に興味があって、かかわることがうれしい子どもたちです。

そのころ、「マンマ」「ブーブ」「ママ」など、単語も使って自分の思いを表現できるようになっていきます。

（1歳後半）

おとなが「おめめ、どれ?」と尋ねると、目を指さして答えたり、絵本を見ながら、「ブーブ、どれ?」と尋ねると、車を指さしたり、おとなのことばを受けとめて答える指さしができるようになります。これを「応答の指さし」と呼んでいます。「要求の指さし」や「叙述の指さし」が、子どもから「とって」や「みて」という気持ちを伝える指さしであるのに対して、「応答の指さし」は、相手の意図を受けとめていることから、マイペースな表現ではなく、「受けて−返す」キャッチボールのような指さしです。これはことばのやりとりに似たコミュニケーションです。この「応答の指さし」を獲得するころ、おとなのことばを理解して、「○○とってきて」というおとなの指示に応えるなど、ことばを介したやりとりもできるようになっていきます。

この頃は使える単語の数が日に日に増えて、お昼ご飯のときに「おかじゅ（おかず）」「あちゃ（お茶）」などほしいものをことばで要求したり、自分のことを呼ばれるままに「○○くん」「○○」と名乗ったり、友だちの名前を呼ぶことができたりします。「○○ちゃんの」と自己主張することもできます（麻生、二〇二〇）。ときには「まま、ばいばい」と、お母さんと別れたことを伝えたり、「あおちゃん、ぴっかぴか」とき

叙述の指さし

子どもがおとなに「みて」と指さす

応答の指さし

おとなの「○○どれ？」という
ことばを受けとめて、子どもが○○を指さす

れいに食べたことを自慢したり、ふたつの単語を並べる二語文を使用することで、思いをいっそう具体的に表現できるようになります。

・だだこね

（1歳前半）

自分の思いをもって、相手に伝えようとする子どもたちですが、まだことばを使えないために、うまく思いが伝わらないときがあります。

1歳児クラスのおやつの時間。その日のおやつは直径8センチくらいの大きなおせんべいを半分ずつ食べることになっていました。先生が子どもの前で次々おせんべいを半分にして手渡していく中で、ひとりが受け取ったとたん泣き出しました。「え、どうしたん？」と先生同士で首をかしげます。しばらくようすを見た後、「ひょっとして……」と、まん丸のおせんべいを渡すと、泣きやんで手を差し出し、機嫌よく一口食べました。泣き疲れたためか、その一口でごちそうさまになりました。

『半分のおせんべいはいやなんだ。まん丸のおせんべいがほしいんだ』という思いをことばで伝えたり、まん丸のおせんべいを指さしたりしてくれると、泣いている理由がわかりやすいのですが、それがなかなかうまくいきません。「子どもなりの意図は発生していても、おとなには自分とは違うおとななりの意図があるのだということを理解していない」からだと、近藤（二〇一二）は解説しています。思いがあるのに伝わらないというもどかしさが、この時期の子どもたちの「だだこね」にあるようです。

（1歳後半）

自分の思いが相手に伝わっていないことに気づいたときに、伝え方を「切り替え」ることができるようになっていきます。たとえば、さっきのおせんべいの場面であれば、先生の顔を見て先生の持っているまん丸のおせんべいを指さしをしたり、おせんべいを見ながら「あぁ」と声を出して先生を振り返ったりして、おとなにわかるように自分の意図を伝えることができます。こうして伝わらないもどかしさからは解放されます。

その一方で、「応答の指さし」に答えられるようになることからわかるように、相手の意図がわかるから、それに反発して起こる「だだこね」がみられるようになります。

保育園のお迎えの場面。いつもはゆっくり保育室であそんでいるところを見守り、片付けの用意をして帰るお母さんが、「今日はおばあちゃんが来るから大急ぎなんです」とあわただしくお迎えに来られ、子どもをせかして、靴箱のところまで行ったところで子どもがだっこを拒否して、泣き叫び始めました。靴を投げ、怒る子どもと、お手上げのお母さんをみて、保育者が「とくべつ、とくべつ」と子どもを抱きかかえて、保育室に戻り、特別にビニール袋に延長保育のおやつを入れて渡したところ、気持ちが切り替わり、無事、園を出て行きました。

おかあさんが急いでいることがわかるからこそ、自分の思いをそれに対抗する形で表現しているように見える姿でした。せかされることに納得できなかったのでしょう。1歳前半と後半で、「だだこね」する子どものもどかしさも表現も変わってきますが、おとなにとってのたいへんさは変わらずあり続けるようです。

この時期の「だだこね」には、この保育者のように「気分を変える」ことが有効です（加用、一九八六）。もう少し大きくなってことばの世界で自分の思いを表現し、相手の思いを受けとめられるようになれば、ことばでの納得がたいせつになりますが、そこに至っていないこの段階では、「不快な気分」を忘れることが、子どもにとってもおとなにとっても快適な生活に戻れるポイントだと思います。

2　2歳半ごろの子どもの発達

子どもたちは次第に語彙《ごい》数を増やし、ことばで表現する力を増大させることによって、自分の思いを相手に伝え、「○○ちゃんの！」「いや！」など、ことばで自己主張をしっかりするようになっていきます。自宅での出来事を友だちに語ったり、ごっこあそびをしたり、友だちとのやりとりを積み重ねることによって、相手の思いにも気づき、友だち関係も深まり、広がっていきます。

●全身運動

バランスよく歩いたり走ったりすることができるようになり、両足跳びをしたり、縁石の上を歩いたり、できるようになっていきます。

●手指の操作・認識

・描画

自分で好きなように描くことに加えて、たとえばおとなが紙に横線を引きながら、「みて

みて、バスが走ってきたよ。ブップー」と言うと、その描線をおとなが言うとおり、バスの通っているようすとしてとらえることができるようになります。そして、「いっしょの描いて」と言われると「ブップー」と自分も同じように、バスのつもりで横線を描くことができます。描く活動の中でも相手とのやりとりを楽しむことができます。

・「いっしょ」の認識・大小の認識

この時期の子どもたちは「いっしょ」探しの名人です。

2歳児クラス夏の給食の時間。まりちゃんがりんちゃんの顔をのぞき込みつつ、「まりちゃんとりんちゃん、いっしょやなぁ」と、プリキュアのコップを指さします。同じコップではないけれど、両方、プリキュアが描かれています。「いっしょやねぇ」とわたしが声をかけると、その隣にいたすいちゃんが突然立ち上がり、その上、ズボンを脱ぎ始めました。驚いたわたしが見たのは、プリキュアのパンツでした。「ほんまや、いっしょやなぁ。でも、ズボンはいてご飯食べよね」と声をかけました。

この時期の子どもにとっての「いっしょ」のうれしさを感じた場面でした。

そうして「いっしょ」がわかるようになることで、「いっしょじゃない。こっちが大きい」というような認識もできるようになります。小さな図版に描かれた二つの円を見比べて大

きい方が選べるようになります。「大きい」「いっぱい」「高い」など、プラス方向を好んで、自分が「大きい」こと、「いっぱい」あることなどを誇らしく感じるようです。

●コミュニケーションの力

・模倣

つもりをもってあそぶようになってきた子どもたちは、友だちのつもりにも気づき、同じことをすることを楽しみます。

あそびの中でも模倣が盛んにおこなわれます。

散歩先で先生にすすきを取ってもらって走っている子をみつけると、次々子どもがすすきを取るよう先生に要求し、みんなですすきをもって走り回っています。ひとりが「発車オーライ」と叫ぶと、みんなが同じように叫んでいます。そこで先生が「カンカンカンカン」と腕で踏切をつくると、子どもたちの車は停止。そのうち、子どもの踏切もいくつか出現しました。

別の日。ひとりが「いらっしゃい、いらっしゃい」とお店屋さんを始めると、お店屋さんが増えます。それが次第にやりとりあそびに変化して、「いらっしゃい、いらっしゃい」「パンください」「いらっしゃい、いらっしゃい。おにぎりいかがですか」と、少しずつ役割をもってあそべるようになっていきます。そこに先生が入ってきて、「おとなの大きいおにぎりください」とお客さんになってくれると、ごっこがぐんと楽しくなり、参加する子どもがどんどん増えていきます。

自分の思いついたあそびをみんなに見てもらいたくて、大きな声で聞こえるように、お皿をカメラに見立てて、「はい、チーズ！　カシャ！」と楽しさをアピールしたりもしています。ひとりであそぶより、いっしょにあそぶほうが楽しいし、自分の思いつきをみんながまねてくれるといっそう楽しい子どもたちです。子ども同士のつながってあそびたいという願いを、さりげなくおとなが支えることがたいせつです。

・ことば

ことばを用いることで、いっそうはっきりと自分の思いを相手に伝えることができるようになっていきます。

ちい「ちいちゃんが一番や」みち「ちがう！　みっちゃんが一番」ちい「ちいちゃんが一番！」みち「ちがう！　みんなが一番や」と、自己主張しあっています。みんなが一番って、と思いながら見守ります。そんな風に自分を友だちに対抗させるように主張することもあれば、相手の気持ちがわかって接することもできます。つくっていたブロックが壊れてしまったらんちゃんにたいちゃん（2歳5ヶ月）は「いっしょにつくる？　らん、ブロックつくる？」と声をかけてなぐさめ、あそびに誘うこともできています。

ごっこあそびの中で、めい（3歳2ヶ月）「ぱんくださーい」たい（3歳2ヶ月）「おにぎりです」めい「いらっしゃい、いらっしゃい。どんぐりでございます」たい「いらっしゃい、いらっしゃい。〇〇いかがですか?」。お店屋さんがふたり並んで会話しています。やりとりにはならないものの、共通語の語尾、イントネーションをつかうことで、双方がお店屋さんの気分を満喫して声をかけあってあそんでいます。思いを伝えること自体、できはじめたばかりのこの時期に、こうしたことばの使い分けをする力に感心します。

・自己主張

「ことば」の例として、先ほど「ちいちゃんが一番や!」を示しましたが、一番が大好き、いっぱいが大好きの子どもたちは、ことばを用いて自己主張を繰り広げます。自己主張は、はじめは懸命に自分の気持ちを訴えます。自分の領域がわかるようになった子どもは、自分のものは自分のものであり、さらに、自分のものではないことがわかっていても、それも気に入れば「〇〇ちゃんの」と自分のものにしようとします。自分の領域を広げていく姿です。その後、次第に相手も同様に「自分の領域」をもっていることに気づくようになります。そして、「貸して」「いいよ」のやりとりが可能になっていきます。

その過程には、おとなの仲立ちがたいせつな役割を果たしています。「〇〇ちゃんも使いたかったんやなぁ。でもこれは、◎◎ちゃんが使ってた△△だよ」と、所有を明確にし、「貸してって言おうね」と、社会のルールを示します。また、自分の主張を通そうとして、相

手とトラブルになった場面では、泣いてしまった子を振り返りつつ「○○ちゃんのお顔見てごらん。悲しいお顔になってるよ」と、相手のそのときの気持ちを感じられるようにことばをかけたりしています。そうしたたくさんの気持ちのぶつかりあいと、おとなの介在を通して、相手とここちよく過ごすためのルールを学んでいくのです。

ある日、友だちからおもちゃのさわり方をとがめられて、「○○！」と、きつい口調で名前をよばれたおりにゆあちゃん（3歳2ヶ月）は「そんなんいわんといて」と、かかわり方を変えるよう求める主張をしていました。相手の主張自体は受け入れつつ、自分のここちよさも主張するために、ことばを駆使しているようすに感心しました。

この時期に、いろんな場面で自分の思いをしっかりことばにして主張する経験を積み重ねることはとてもたいせつです。自分の気持ちを相手に伝えて、その気持ちを受けとめてもらえてうれしかったという経験が、ことばで伝えることの力に気づかせてくれます。そうした経験を積み重ねることを経て、相手にも自分と同じように「～したい」という思いがあることに気づくのです。そこには、その友だちといっしょにあそんで楽しかった経験があり、その友だちのことが好きだという思いがあるのだと思います。早急に、譲ることを求めたり、がまんすることを求めたりするのではなく、存分に、自分の気持ちを伝える経験をするなかで、大好きな友だちと気持ちよく過ごすためにどうしたらいいか、考えられるようになっていってほしいと思います。

こうしてさまざまな力を発達させ、ことばで自分の思いを表現し、相手の思いを少しずつ理解できるようになっていく子どもたちは、次第に「かみつき」をすることなく、自己主張し、相手の自己主張も受けとめられるようになっていきます。そこまでの長い道のりを、じっくりつきあうことが必要になります。

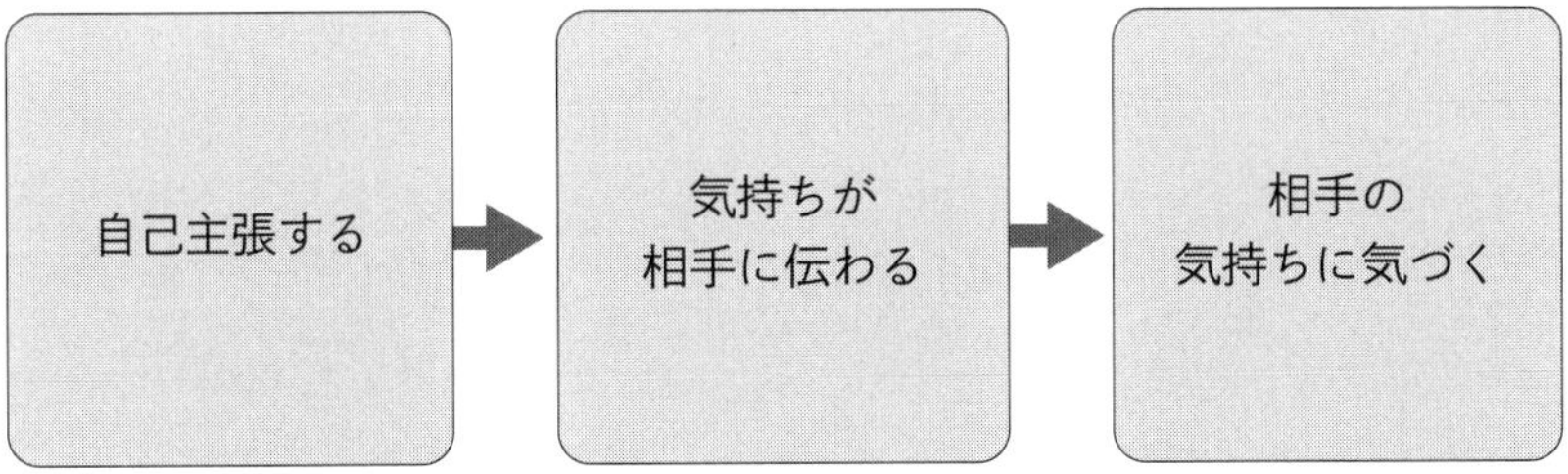

Ⅲ

アンケート調査から見た「かみつき」の実態

「かみつき」の実態を把握して、その対応を考えるために、アンケート調査をおこないました。その結果を、過去のアンケート調査と比較しつつ、現在の「かみつき」の実態を明らかにしたいと思います。

〈二〇二〇年度調査〉

・方法

二〇二一年3月から5月にかけて、二〇二〇年度の保育についてのアンケート調査をおこないました。調査対象は、京都市内の認可保育園・認定こども園計二七九ヶ園の0歳、1歳、2歳児クラスの担当保育者です。各園に調査目的とGoogle formの2次元コードを記した依頼状とアンケートの内容を記したものを送付しました。アンケートは無記名とし、協力の同意を得た方に回答してもらうことで、倫理的配慮をおこないました。

・内容

アンケート内容は、担当クラスの人数、保育の形態、「かみつき」の実態と保護者対応などとしました。項目の設定に際しては、二〇〇二年度実施のアンケート項目、二〇〇八年度実施のアンケート項目に加えて、北九州市保育士会（二〇一三）や古賀（二〇一八）を参考に、生活の流れについての項目を追加しました。

・回収数

アンケートは、二六五通回収することができました。うち、有効回答数は二三二でした。各園の3歳未満児クラス数が把握できていないため、回収率は不明です。問によって回答されていないものがあるため、各問に対する有効回答数は、異なっています。

〈二〇〇八年度調査〉

・方法

二〇〇八年度に、愛知、大阪、京都、兵庫の民間研究団体が主催する保育の講座の参加者を対象にアンケート調査をおこないました。アンケート用紙を配布したうえで、講座の中で目的を解説し、協力の同意が得られた方に回答を記入していただき、講座終了後に回収しました。アンケートは無記名とし、協力の同意を得た方に回答してもらうことで、倫理的配慮をおこないました。

・内容

アンケートの内容は、「かみつき」の保護者対応の実態を問うものとしました。

・回収数

合計五九二通の回答を得ました。

結果の詳細については、『「かみつき」をなくすためにＰａｒｔ2 おとなの仲間づくりを考える』（かもがわ出版、二〇〇九年）を参照してください。

〈二〇〇二年度調査〉

・方法

二〇〇二年10月から二〇〇三年2月にかけて、京都保育問題研究会など複数の民間研究団体が主催する保育の講座の参加者を対象に、アンケート調査をおこないました。調査方法は、二〇〇八年度調査と同様です。アンケートは無記名とし、協力の同意を得た方に回答してもらうことで、倫理的配慮をおこないました。

・内容

アンケート内容は、担当クラス、「かみつき」の実態と保護者対応などとしました。

・回収数

合計一四五通の回答を得ました。

結果の詳細については、『「かみつき」をなくすために　保育をどう見直すか』（西川由紀子・射場美恵子著、かもがわ出版、二〇〇四年）を参照してください。

以上３つの調査を通して、近年の保育のなかでの「かみつき」の問題を考えていきたいと思います。第１節では、「かみつき」の実態、第２節では、その結果をふまえての「かみつき」への対応の基本を紹介します。第３節では、「かみつき」がおこったときの保護者対応の実態、第４節では、その結果をふまえての保護者対応の基本を紹介します。

１「かみつき」の実態

ここではアンケート結果から、各園の工夫を読み取っていきます。回答を得られたクラスの年齢の分布を、表１に示します。

(1) 年齢毎の「かみつき」の有無とクラスの規模、職員配置

年齢毎に「かみつき」の有無をχ^2検定と残差分析によって見たところ、表２に示すとおり、１歳児クラスで「かみつき」が多く、２歳児クラスで少ないことが示されました（$\chi^2(2)=16.0, p<.01$）（注１）。

年齢毎に、「かみつき」がある群とない群に分けて、クラスの子どもの数の規模をｔ検定によって比較したところ、０歳児クラスでは、「かみつき」のある群とない群で差がみられました（t=2.9,p<.05）。２歳児クラスでは、差がみられませんでした（図１参照）（注２）。１歳児クラスはほとんどの園で「かみつき」があるため、「かみつき」がないクラスと比較を統計処理をすることができませんでした。

同様に、保育者ひとりあたりの受け持ち人数をｔ検定によって比較したところ、差はみられませんでした。

「かみつき」が、１歳児クラスに多くみられることは、従来の結果と同様でした。１歳児クラス在籍児の１年間の行動記録を分析した中川（二〇一六）では、「かみつき」は、22ヶ月から26ヶ月に多く見られることが示されています。「かみつき」が１歳半の節目を超えた子どもたちが、相手への関心を募らせていく時期にみられる行動であることがわかります。

クラスの規模と「かみつき」の有無との関連が、０歳児クラスでみられたことは、この時期の子どもたちが、多人数より、少な

表１　年齢クラス別回答の分布

年齢	回答数
0歳	58
0・1歳	9
0・1・2歳	2
1歳	80
1・2歳	8
2歳	73
その他	2
合計	232

表２　年齢毎の「かみつき」の有無
（単位：回答数）

	0歳	1歳	2歳	合計
かみつきあり	49	76**	52**	177
なし	9	4**	21**	34
合計	58	80	73	211

** $p<.01$

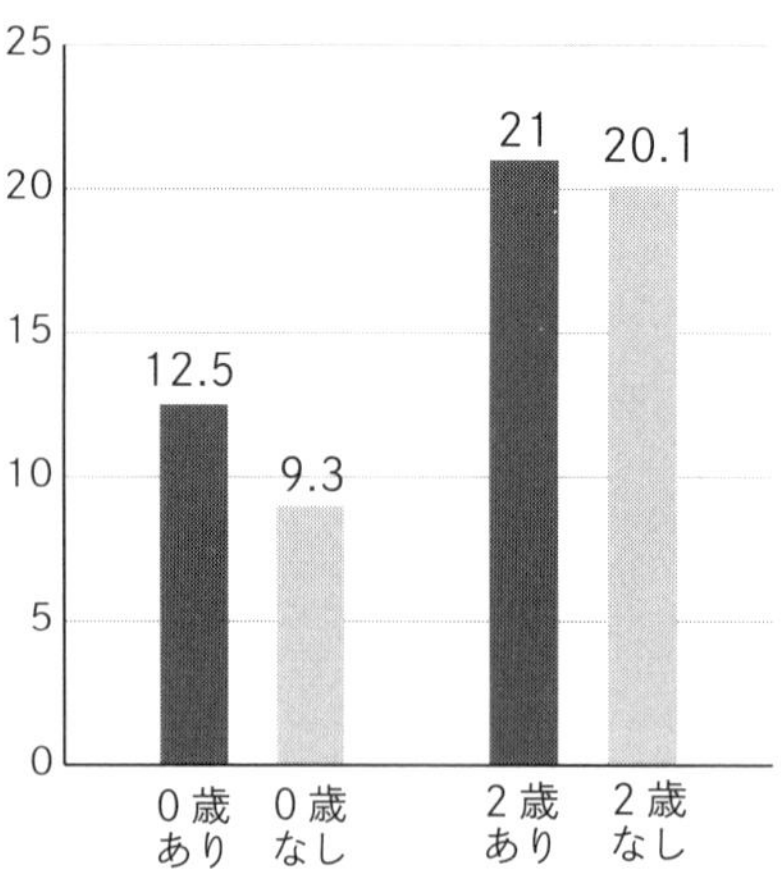

図１　クラスの規模と「かみつき」の有無の関連（単位：人）

い人数での生活が落ち着くことを示すものと考えられます。

(2)「かみつき」が起こりやすい時間帯

「かみつき」を防ぐためには、記録をとって、どんな時間に発生しやすいのか、どんなことが原因になるのかなどを把握すると、対策が立てやすいと思います。

二〇〇二年度調査の表3と二〇二〇年度調査の表4を見比べます。

二〇〇二年度の調査では、「かみつき」が最も多いのは、昼食片付けから午睡への切り替えの時間帯でした。それが二〇二〇年度の調査では、夕方の保育に変わっています。

まず、昼食片付けから午睡への切り替えの時間帯の「かみつき」が減少した理由を考えてみたいと思います。表5のA児は早く食べ終えた子、C児はのんびり食べていた子、B児はその中間です。二〇〇〇年代の保育園を見学していて、この時間帯には、「食事をしている子」「着替えをしている子」「あそんでいる子」がいて、保育者はその子たちへの援助をしつつ、部屋を掃除したり、食器を給食室に返却して、午睡の準備をするという多様な仕事を同時にこなす必要があり、たいへんあわただしいことが実感されました。〈①一斉に食べて、一斉に寝る〉のような状態でした。13ページの事例3の午睡前の絵本の時間のいざこざは、その時間帯の出来事でした。この時間帯がたいへんな時間であることがわかっ

表３　2002年度調査での「かみつき」が起こる時間帯（かっこ内：全回答数）

	0歳児クラス（21）		1歳児クラス（39）		2歳児クラス（22）	
	回答数	%	回答数	%	回答数	%
早朝から９時まで	6	28.6	13	33.3	6	27.3
午前の保育	10	47.6	18	46.2	6	27.3
昼食への切り替え	5	23.8	21	53.8	10	45.5
昼食時	0	0.0	0	0	1	4.5
午睡への切り替え	16	76.1	25	64.1	13	59.1
午睡	0	0.0	0	0	0	0
おやつへの切り替え	5	23.8	7	17.9	2	9
おやつ	0	0.0	0	0	0	0
夕方の保育への切り替え	13	61.9	13	33.3	9	40.9
夕方の保育	12	57.1	16	41.0	0	0.4
５時以降	2	9.5	8	20.5	3	13.6

表４　2020年度調査での「かみつき」が起こる時間帯（かっこ内：全回答数）

	0歳児クラス (49)		1歳児クラス (76)		2歳児クラス (52)		全クラス (194)	
	回答数	%	回答数	%	回答数	%	回答数	%
早朝	10	20.4	33	43.4	19	36.5	68	35.1
朝の会	1	2.0	4	5.3	3	5.8	11	5.7
午前の保育への切り替え	13	26.5	23	30.3	12	23.1	55	28.4
午前の保育	15	30.6	34	44.7	21	40.4	75	38.7
昼食への切り替え	11	22.4	23	30.3	13	25.0	54	27.8
昼食	2	4.1	0	0.0	1	1.9	4	2.1
午睡への切り替え	17	34.7	15	19.7	14	26.9	51	26.3
午睡	0	0.0	0	0.0	0	0.0	1	0.5
おやつへの切り替え	8	16.3	12	15.8	5	9.6	26	13.4
おやつ	0	0.0	1	1.3	1	1.9	3	1.5
夕方の保育への切り替え	17	34.7	37	48.7	10	19.2	74	38.1
夕方の保育	30	61.2	54	71.1	30	57.7	122	62.9
延長	2	4.1	7	9.2	7	13.5	18	9.3

表5 昼食後半から午睡にかけての生活の流れ

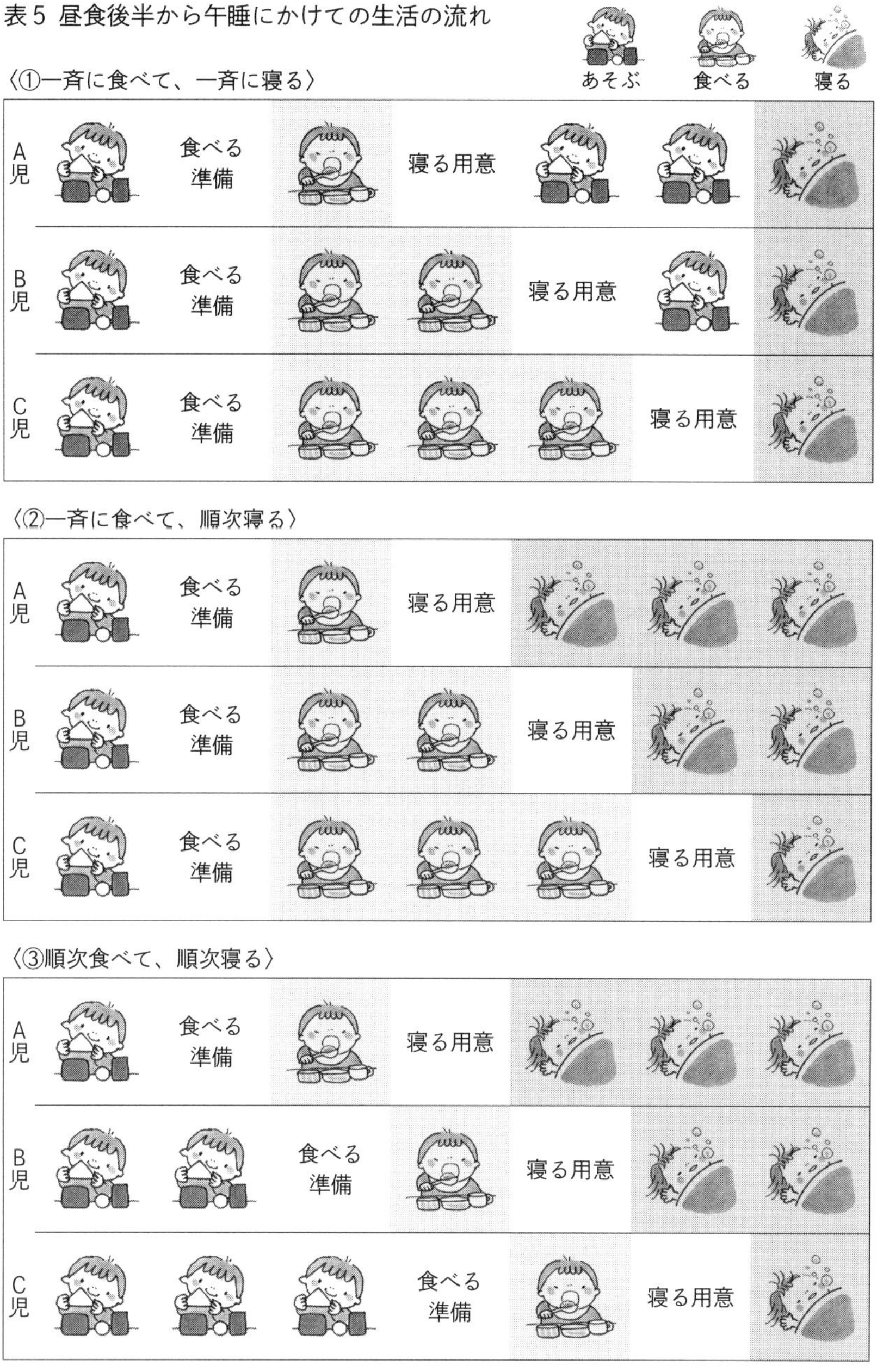

て、そこをどう改善するかを各園が悩んでいました。

そんななかで、午睡前のあそぶ時間を設けていない保育園もありました。〈②一斉に食べて、順次寝る〉のような状態です。食事が終わると着替え、午睡の準備が整うとそのまま子どもたちが布団に入っていきます。あそびに比べて、寝るときには動きが少ないためか、その園では、午睡前の「かみつき」は少ないということでした。

当時、すでに「担当制」を取り入れている園もありました。〈③順次食べて、順次寝る〉のような状態です。けれどその数は多くはなく、みんなが午睡前の保育のつくり方を悩んでいた時代でした。この時期、一九九九年改訂の保育所保育指針の6ヶ月未満児の保育の内容の項目に、「特定の保育士の愛情深い関わりが、基本的な信頼関係の形成に重要であることを認識して、担当制を取り入れるなど職員の協力体制を工夫して保育する」と述べられたこともあり、「担当制」が注目されはじめたころでした。

二〇二〇年度の調査では、午睡前の「かみつき」への対応の工夫を把握するために、午睡前の時間帯の保育について、質問をしました。食事と午睡を一斉に始めるか、時差をつけるか、その際、同じ保育者が担当するようにしているかを聞いた結果が、表6、表7、表8です。

食事については、年齢が進むにつれてわずかに一斉に食べるところが増えていますが、時差をつけたりつけなかったりする場合があるという回答も含めると、半数以上が時差をつけて食事していることがわかります。

午睡についても、みんなが食べ終わるのを待って一斉に寝るところが、年齢が進むにつれて増えていますが、日によっていろいろなところも含めると半数以上が、時差をつけていることがわかります。食べた後に、あそばず寝ることにしている場合は、食べる時間の長さによって、結果的に布団に入る時間に時差ができているということになると思います。

食事や午睡を、同じ保育者が担当するようにしているかについても、食事のみも含めると、半数以上ができるだけ同じ保育者が担当するようにしていました。ここでは「担当制」ということばについては、理解がさまざまなので、具体的に「同じ保育者が担当するようにしているかどうか」を質問しました。子どもが安心して生活できるようにするための工夫がなさ

表6　昼食の取り方　(かっこ内:全回答数)

	0歳児クラス(57)		1歳児クラス(78)		2歳児クラス(73)		全クラス(230)	
食事	回答数	%	回答数	%	回答数	%	回答数	%
一斉	24	42.1	35	44.9	34	46.5	105	45.7
いろいろ	6	10.5	8	10.2	11	15.1	26	11.3
時差	27	47.4	35	44.9	28	38.4	99	43.0

表7　午睡の仕方　(かっこ内:全回答数)

	0歳児クラス(58)		1歳児クラス(79)		2歳児クラス(73)		全クラス(231)	
午睡	回答数	%	回答数	%	回答数	%	回答数	%
一斉	17	29.3	33	41.8	35	47.9	94	40.7
いろいろ	6	10.3	8	10.1	8	11.0	25	10.8
時差	35	60.4	38	48.1	30	41.1	112	48.5

表8　食事や午睡は、同じ保育者が担当しているか？(かっこ内:全回答数)

	0歳児クラス(57)		1歳児クラス(79)		2歳児クラス(73)		全クラス(230)	
	回答数	%	回答数	%	回答数	%	回答数	%
できるだけ	35	61.4	36	45.5	39	53.5	124	53.8
食事のみ	2	3.5	4	5.1	2	2.7	8	3.5
意識してない	17	29.8	32	40.5	26	35.6	82	35.7
その他	3	5.3	7	8.9	6	8.2	16	7.0

表９　昼食の取り方と午睡前の「かみつき」の有無（単位:回答数）

	あり	なし	合計
一斉	31**	74*	105
いろいろ	9	17	26
時差	12**	87**	99
合計	52	178	230

$^{*}p<.05$　$^{**}p<.01$

表10　午睡の仕方と午睡前の「かみつき」の有無（単位:回答数）

	あり	なし	合計
一斉	30**	64**	94
いろいろ	6	19	25
時差	16**	96**	112
合計	52	179	231

$^{**}p<.01$

表11　食事や午睡は、同じ保育者が担当しているかと「かみつき」の有無（単位：回答数）

	あり	なし	合計
できるだけ	21**	111**	132
意識してない	26**	56**	82
合計	47	167	214

（できるだけ、に食事のみを含む）　$^{**}p<.01$

れていると考えられます。

以上の項目から、二〇二〇年度の調査では、約半数の子どもたちは、少人数で時差をつけて、なるべく同じ保育者がついて食事をして、その後、みんながそろうのを待つことなく、午睡に入っていく生活をしていることがわかります。

ここで、午睡前に「かみつき」がみられるクラスとみられないクラスに分けて、食事や睡眠に時差をつけているか、同じ保育者が担当するようにしているかをみてみると、表9、表10、表11のようになりなした。

χ^2検定（注3）で分布の差をみてみると、食事の仕方については、午睡前の時間帯に「かみつき」があるクラスでは、一斉に食事をしていることが多く、時差をつけていることが少ないこと、逆に、「かみつき」がないクラスでは、時差をつけていることが多く、一斉に食事をしていることが少ないことがわかります（$\chi^2(2)=11.24, p<.01$）。

午睡の仕方について、同様にみてみると、午睡前の時間帯に「かみつき」があるクラスでは、一斉に午睡をしていることが多く、時差をつけていることが少ないこと、逆に、「かみつき」がないクラスでは、時差をつけていることが多く、一斉に午睡をしていることが少ないことがわかります（$\chi^2(2)=9.14, p<.05$）。

食事や午睡の指導をできるだけ同じ保育者が担当するようにしているかどうかについては、午睡前に「かみつき」があるクラスでは、「同じ保育者が担当するように意識していない」ことが多く、「同じ保育者が担当するようにしている」ことが少なく、「かみつき」がないクラスでは、「できるだけ同じ保育者が担当するようにしている」ことが多く、「意識していない」ことが少ないことがわかります（$\chi^2(1)=6.47, p<.05$）。

これは、食事に時差をつけたり、午睡に時差をつけたり、同じ保育者が担当しようとする保育園の工夫が、午睡前の時間帯の「かみつき」を減らすことと関連していることを示すものです。こうして時差をつけるためには、保育者の連携がいっそう求められ、また、空間の使い方にも工夫が必要となります。保育室の配置や保育園の規模、地域の特徴などから、生活の流れの見直しは困難なこともあると思いますので、職員集団でその園にあった見直しのあり方をていねいに話し合うことがたいせつだと思います。

アンケートでは、午睡前に排泄を促すかどうかも聞きましたが、この点については、「かみつき」の有無と関連はみられませんでした。

二〇二〇年度の調査で「かみつき」が多くみられた夕方の保育の工夫は、まさに今、検討が積み重ねられているところだと思います。1歳児、2歳児の保育園利用率が年々増えて、また利用時間も長時間化してきたこの10年、夕方の保育を快適な環境にすることが難しくなってきていることの表れだと思います。

空間の使い方やこの時間帯の保育の工夫については第2節で事例を紹介します。

(3)「かみつき」の原因

「かみつき」の原因を表12に示します。どの年齢も、「ものの取り合い」や「場所の取り合い」、「ものや場所を取られそうになっての防御」、それに加えて、「思いが通らないイライラ」があげられていました。また「目の前にあった」は、0歳児、1歳児で多くみられ、2歳児では激減しています。原因のわからない「かみつき」は0歳児、1歳児クラスにみられること、2歳

表12 「かみつき」の原因（かっこ内:全回答数）

	0歳児クラス（49）		1歳児クラス（76）		2歳児クラス（52）		全クラス（196）	
	回答数	%	回答数	%	回答数	%	回答数	%
もののとりあい	32	65.3	64	84.2	41	78.8	152	77.6
場所のとりあい	30	61.2	54	71.1	34	65.4	130	66.3
保育者のとりあい	8	16.3	15	19.7	5	9.6	29	14.8
ものや場所の防御	33	67.3	57	75.0	30	57.7	133	67.9
目の前にあった	33	67.3	51	67.1	10	19.2	107	54.6
愛情表現	2	4.1	4	5.3	0	0.0	6	3.1
空腹	3	6.1	1	1.3	0	0.0	4	2.0
眠たい	5	10.2	3	3.9	0	0.0	10	5.1
思いが通らないイライラ	25	51.0	56	73.7	28	53.8	121	61.7
相手が泣いていた	1	2.0	6	7.9	1	1.9	8	4.1
家庭の生活リズム	6	12.2	8	10.5	5	9.6	20	10.2
家庭の不安定さ	9	18.4	22	28.9	8	15.4	45	23.0

になると、「かみつき」はあっても、おとなが原因を把握できるものになっていることがわかります。すべての項目について、二〇〇三年度の調査と大きな差はみられませんでした(西川・射場、二〇〇四)。このことから、「かみつき」の原因は変化していないと考えられます。

(4) 「かみつき」がみられた時期

「かみつき」が多かった月を質問した結果を、表13に示します。アンケートの対象とした二〇二〇年度は新型コロナウイルスの影響で、3月から5月にかけて全国一斉休校となり、京都市内の保育園でも登園自粛の呼びかけをしており、通常とは異なる状況でした。それでも、一番悩みの多い1歳児クラスでは例年通り6月にピークを迎えています。この傾向を、ベテラン保育者に、「4月5月は、子どもも新しい環境に慣れるのに精一杯で、噛む余裕もないんだと思う」と解説してもらったことがあります。

表13 「かみつき」が多かった月(かっこ内:全回答数)

	0歳児クラス(49)		1歳児クラス(76)		2歳児クラス(52)		全クラス(196)	
	回答数	%	回答数	%	回答数	%	回答数	%
4月	0	0.0	26	34.2	32	61.5	65	33.2
5月	3	6.1	29	38.2	29	55.8	69	35.2
6月	7	14.3	41	53.9	29	55.8	85	43.4
7月	8	16.3	35	46.1	18	34.6	66	33.7
8月	9	18.4	34	44.7	14	26.9	62	31.6
9月	14	28.6	37	48.7	11	21.2	69	35.2
10月	15	30.6	30	39.5	9	17.3	60	30.6
11月	13	26.5	26	34.2	4	7.7	48	24.5
12月	19	38.8	17	22.4	4	7.7	44	22.4
1月	29	59.2	33	43.4	5	9.6	74	37.8
2月	31	63.3	26	34.2	6	11.5	71	36.2
3月	20	40.8	14	18.4	8	15.4	46	23.5

2歳児については、比較的人数が少なかったはずの年度当初から「かみつき」がみられましたが、子どもの発達に伴って、次第に減少していっています。

0歳児では、年度初めには、月齢が低いことから「かみつき」はみられていませんが、年度末にかけて、増加していっています。これは、子どもが発達して自己主張をするようになってきたことを示すものです。それに加えて、二〇二〇年度頃から、京都市内で4月当初の0歳児クラスの定員割れがあちこちで聞かれるようになり、年度途中に、0歳児クラスに新入園児を迎えることが増えてきたことから、新入園児の不安がクラス全体に広がり、保育者の配慮もいっそう必要となり、クラスが落ち着かない状況が続いていることも影響していると考えられます。

2「かみつき」への対応の基本

(1)「かみつき」への基本的対応

「かみつき」が起こったときの具体的な対応の原則は次のように考えています。

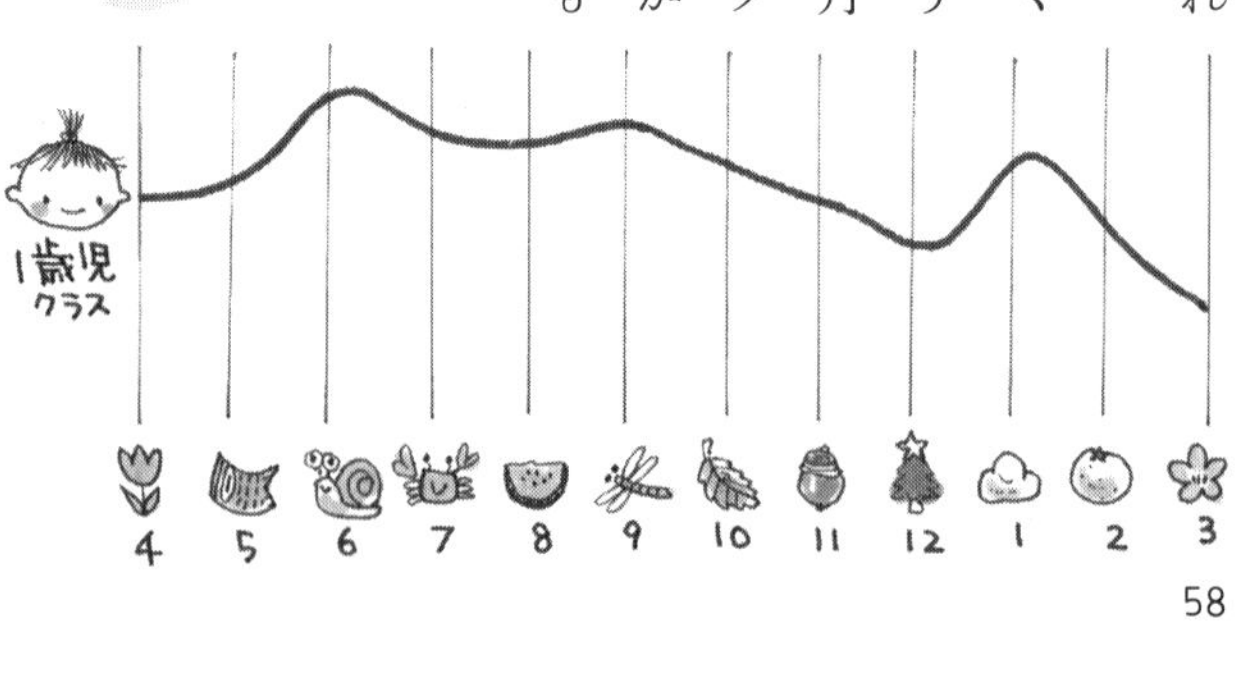

・噛んだ子の気持ちに共感して、相手の気持ちを伝える
・噛まれた子の気持ちに共感して、相手の気持ちを伝える

Ａちゃんがあそんでいるミニカーを Ｂちゃんが取り上げようとしたときに、Ａちゃんが「アカン！」と阻止したとたん、ＢちゃんがＡちゃんを噛んでしまったという場面があったとします。

噛んでしまったＢちゃんに対しては、「Ａちゃんにアカンって言われていややったんやなぁ」と、Ｂちゃんの思いを受けとめた上で、「でもな、かんじゃったらＢちゃん痛くて泣いてはるよ。あかんかったなぁ」と、Ａちゃんのようすと「かみつき」をやめてほしいことを伝えるということです。噛まれたＡちゃんに対しては、「痛かったなぁ。止められなくてごめんね」と伝えた上で、「Ｂちゃんは、Ａちゃんといっしょにあそびたかったんやと思うよ」と、ＢちゃんがＡちゃんに関心をもっていることを伝えます。１章の事例５、事例６に見られるように、とりわけ１歳半を超えてからの子どもたちは、友だちとかかわりたいという願いをもっているからこそ、いざこざが起こることが多いからです。

・傷口への対応

かみつきが起こった場合の処置を、看護師の宮前尚子さんは次のように述べておられます。

・すぐに流水で洗い流し、冷やすこと。氷や保冷剤も使って、まわりの組織も冷えるように最低10分は患部を冷やすように。

・かまれた皮膚は、皮下出血を起こしていることもあるので、揉んではいけない。

その上で、患部が首から上であったり、出血があり傷口が深い場合などには、医療機関の受診を勧めておられます（宮前、二〇一七）。

傷跡が残ると、保護者の心の傷も残るように思います。それが顔など、子どもが大きくなってからも保護者に見えるところであると、そのかなしさはいっそう増します。傷ができた直後にきちんと処置をすることが傷跡の回復につながることを念頭に置くと、ケースに応じて医療機関に行くことも必要だと思います。ひっかき傷は、かみつきよりも跡が残りやすいのでいっそうの注意が必要です。

・「かみつき」をなくしていくための保育の留意点

子どもたちの「ゆっくり」「のんびり」を保障しつつ、スムーズな保育の流れをどうつくるかを、京都のベテラン保育者射場美恵子さんは、次の4点にまとめています。

①保育士がまず冷静になること

1歳児クラスの子どもたちのトラブルは、遊んでいるときの物の取り合いもさることながら、保育士がもっとも忙しい、場面が切り替わっていく時間帯によくおきます。子どもたちのゆっくり、のんびりを保障しつつ、スムーズな保育の流れをどう創るか、保育士たちが冷静に考え、段取りを工夫することが大切だと思いました。また、噛みついてしまった時にもとっさに大きな声をあげたり、必要以上に叱ってしまったりしがちですが、一人ひとりの要求や理由を冷静に受けとめるこころの余裕を持ちたいものです。

②一人ひとりのかみつきの理由を、保育士みんなで明らかにしていく努力が必要

1歳の子どもたちにはまだ伝えあう言語が少なく、なんだかよくわからない理由で噛んだと思われることもたくさんあります。「ジブンデ」を強く主張する子どもは、単なるわがままでそう振る舞っているように見えることもあります。単に子どもの個性や家庭の問題として解決してしまわないよう、しっかり保育室での出来事として受けとめるためにも保育者集団が話し合うことが大切です。

③噛みついた子どもを厳しく叱ることより、まず抱きしめて噛んでしまった気持ちに共感することが大切

どんなかみつきにも理由があります。しかし理由のわかりにくいかみつきのある子どもの場合、噛んだことを叱られることばかりになりがちです。理由はわからないけれどイヤなことがあったのね、でも噛んだら友だち痛いよね、と思いを込めて抱きしめることは信頼関係を築いていく上でとても大事なことです。

④「子どもが自分で決める」ために保育士が上手に「間」がとれること

保育士たちにはめまぐるしい時間帯であっても、子どもたちにとってはゆっくり、のんびりした時間の流れをつくりたいと思っています。子どもの勝手気ままにさせるというのではなく、子ども自身が生活の流れを認識し、納得して集団に参加しようとやってくるま

で「みんなでいっしょに」という中身に幅を持たせたいということなのですが、保育士がほっと一息入れることで少し余裕ができそうです（西川・射場、二〇〇四）。

20年前のコメントですが、自己主張がはじまる時期の子どもとの向かい合い方、「ゆっくり」「のんびり」を保障する保育の流れは、今、いっそう重要になっていると思います。

②の理由のわからない「かみつき」について、射場美恵子さんから、こんな事例を聞きました。Ａくんがそれまで特にかかわっていなかったＢくんに後ろから近づいて、いきなり噛んでしまったという事例です。現象としては、それが事実なのですが、Ａくんには理由があるはずだと思って、その場をよく思い出してみると、Ａくんが行きたい方向にＢくんが立ちはだかっていたとも解釈できます。また、Ｂくんはそのとき、床に貼られていたビニールテープの上に立っていたのですが、それがイヤだったとも解釈できます。いずれの解釈もＡくんの思いとは違うかもしれません。そうであったとしても、Ａくんは、Ａくんとして何か理由があって噛んだのだと考えて、Ａくんと接することがだいじだということでした。理由のわからない「かみつき」をする子どもの気持ちを理解するために、複数のまなざしでＡくんを見守ること、保育者集団で話し合うことがたいせつなのだと思います。

④の「子ども自身が生活の流れを認識し、納得して集団に参加しようとやってくるまで『みんなでいっしょに』という中身に幅を持たせる」ということの具体例として、射場美恵

子さんの実践を紹介します。

6月末の1歳児クラス。お昼寝前、保育者は先に眠くなった小さな子どもたちを寝かせつけています。5月生まれのよしあき君、7月生まれのなおみちゃん、8月生まれのなおや君の三人は、「まだ寝るもんか」といった顔で、大好きな段ボール箱でつくったお家の中に出たり入ったり。キャーキャーおおさわぎの三人に、保育者は、「もう友だち寝ているよ」「もう先生もプンプンやで」「ものすごくおこってるんやで」「よしあき君はもう寝ないのかなあ……」。よっ君のおふとんに寝ようかなあ」と、あの手この手。保育者の困った顔を尻目に、ますます意気投合の三人は、そのうち寝そべって寝たふりを始めました。なおみちゃんが時々おうちの窓から顔を出して、保育者の顔を見てあわてて首を引っこめますが、男の子二人は、ずっと寝たふりを通しています。やっと手のあいた保育者の一人が、よしあき君の布団のところにすわって「よしあき君、先生がおふとんに寝てもいいか?」。大急ぎで人形を抱っこして出てきたよしあき君に「さあ、その人形といっしょに寝んねしようか?」というと、あっという間になおみちゃんも、なおや君も自分の布団にもぐりこみました（射場、一九九七）。

射場美恵子さんの保育園は、51ページの表5の〈②一斉に食べて、順次寝る〉パターンと〈③順次食べて、順次寝る〉パターンの中間ぐらいの保育の流れでした。昼食からお昼寝にかけての時間帯、保育者は個々の子どものその日のリズムに対応しつつ、手際よく、

午睡時間を確保できるようにしていきます。保育者が他の子を寝かしつけている時間が、ここに描かれている子どもたちには、友だちと気持ちを通わせての楽しいあそびの時間となっています。「寝る」ためには、子ども自身が「寝よう」と思うことが必要なので、保育者は、手が空くまでは、声はかけつつ子どものあそびを見守り、手が空いたところで、子どもの気持ちに合わせたことばをかけています。これが可能になるためには、その場にいる複数の保育者がその「間」をたいせつにすることに暗黙の合意をしていることが必要です。複数担任の職員連携のたいせつさを感じます。

射場美恵子さんは別の本で、「1歳児クラスのふざけっこや、おもちゃや場所の取り合いっこから生じるトラブルは、言葉が未発達なために、たたいたり、押したり、引っ張ったり、噛んだり、ひっかいたりといった行為を伴います。『ジブンガ』ほしかった気持ちや、相手のしたことがいやだったことをみんなのなかでしっかり表現できることを大切にしたいと思います。けんかが始まったときは、それぞれの『このおもちゃがほしい気持ち』をまずしっかり出せることを保障したいと思いました。硬い物でたたきそうになったり、危険な場所で争っていたりしなければ、少し様子を見ながら見守ってきました。激しく感情をぶつけ合うことでお互いを受け入れ合えたり、認め合えたりできるようになることは、おとなに限らず小さな子どもたちも一緒なのだと思えることもたくさんあります」と述べておられます（射場、二〇〇六）。

トラブルが多いから、気持ちのぶつかり合いが起こらないように工夫するのではなく、それぞれの気持ちをしっかり表現することをだいじにするというのです。ここで重要なのは、その気持ちがぶつかり合う場に、保育者がいるということです。

射場美恵子さんの1歳児クラスの保育を2月に見学をしていたときのことです。そろそろお昼ごはんで片付けようという時間帯に、射場さんとわたしの目の前でお皿の取り合いが始まりました。お皿を片付けようとするつむちゃんにお皿を取られそうになったりこちゃんは「アカン」とお皿を自分の方に引き戻します。そして射場先生の顔を見ています。黙ってにっこり見守る先生の存在を感じながら、『貸さない』主張を続けます。つむちゃんも負けずにお皿を手に入れようとひっぱります。そしてちらりと先生の表情を確かめています。いよいよ手が出そうになったときに、先生が手をお皿に添えて、首を横に振ったところで、取り合いは終了しました。

お皿を自分の方にひっぱりつつ、まなざしとことばでしっかり自己主張をしながら、相手がお皿をひっぱる力を感じ、相手の気持ちを知っていくのだと思います。それが信頼している先生の見守りの中であるということが、子どもにとっての安心なのだと思います。

・「監視」の保育にならないように

1歳児クラスの担任から、特定のペアで繰り返される「かみつき」の悩みを聞きました。

はるちゃんがゆいちゃんを同じ週に2度も噛みついてしまったことをゆいちゃんの保護者に報告したときに、はじめての子育てをしているゆいちゃんの保護者がたいへんかなしまれ、謝る保育者に「終わってしまったことなので、先生に謝ってもらっても仕方がない。今回のことはもういいです。ただ、今後二度と噛まれないようにみていてください」と言われたのだそうです。ゆいちゃんは色白で、噛まれた跡がくっきり残っており、担任もそのかなしさがよくわかったので、担任同士十二分に気をつけて保育にのぞむことを確認しました。

翌朝、三々五々あそんでいる時間帯のこと。はるちゃんは、ままごとセットを前に、黙々とあそんでいたのですが、ふと目を前に上げ、立ち上がり前方に歩き出しました。ゆいちゃんは斜め前方にいたので、進行方向とはずれていましたが、距離が近づくことではあったので、ふたりの保育者が息をのんではるちゃんの行方を追うと、そのまま前方に進み、棚からフライパンを取り出し、元に戻ったということでした。

ほんの数分の出来事ですが、そのときのふたりの保育者の緊張は半端ではない高さだったと思います。はるちゃん側にいた先生は、いつはるちゃんを止めるかを考え、ゆいちゃん側にいた先生は、いつ、ゆいちゃんをかばう構えに入るかを考えていたのだと思います。

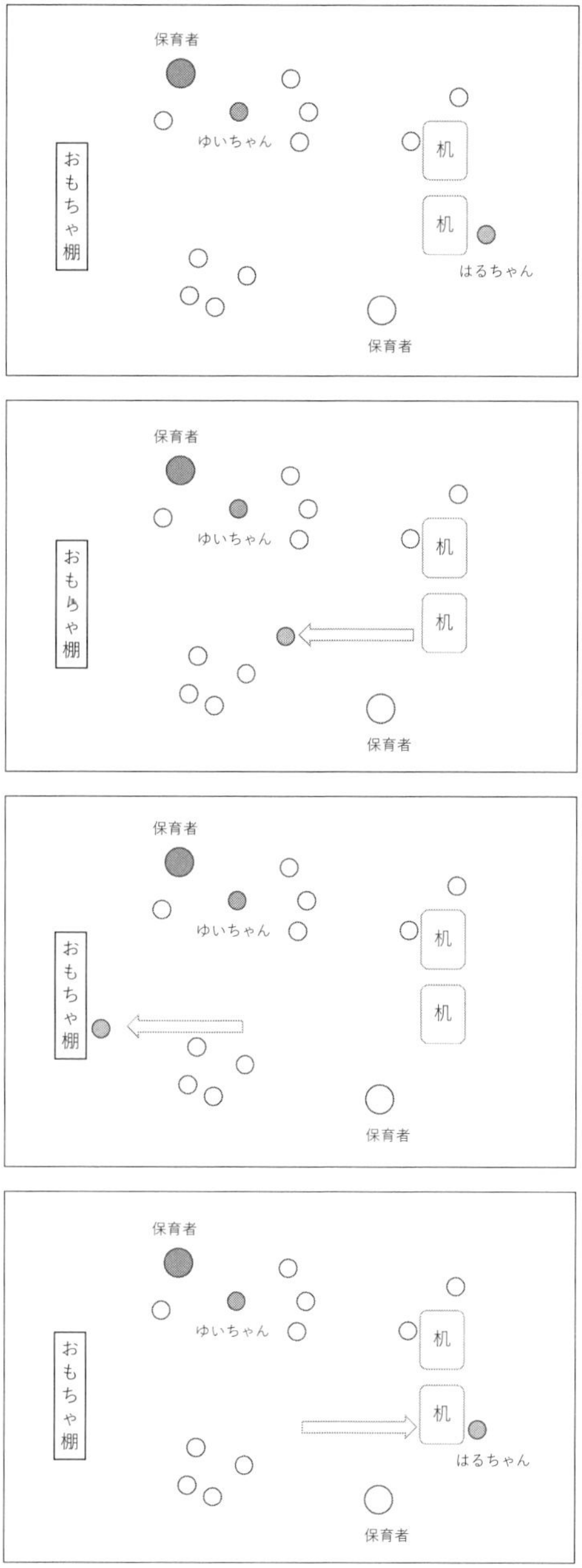

そのときのはるちゃんの気持ちはどうだっただろうと思います。先生たちから向けられているまなざしは、はるちゃんへの愛情に満ちたものというよりは、「監視」のまなざしになっていたものと思われます。また、その時間、ふたりの保育者がはるちゃんにそれだけ注目していたときに、その場にいた他の子の、『先生、みて！』というまなざしを見逃していた可能性もあります。監視されることによって、はるちゃんのイライラが募ったり、自分に注目してもらえないことで他の子のイライラが起こってきて、あらたな「かみつき」が起こることも考えられます。「監視」を強めることは、「かみつき」をそのときに防ぐことは

できても、「かみつき」をなくすことにはならないのです。

・保育を見直すポイントを見つける

今回の調査からも、1歳児クラスで「かみつき」が最も多くみられることが示されました。1節でも紹介したように中川（二〇一六）では、「かみつき」は、22ヶ月から26ヶ月という、発達の節目である1歳半を超えたころに多くみられることが示されています。発達上の特徴と関連しているように思われます。この1歳半の節目を超える頃の子どもたちのことを射場美恵子さんは「まるで思春期のようだと思うことがあります。突然『自分』を主張しはじめて、見るもの、触れるもの何でも自分の思い通りにしようとし、ならないと腹を立て、イライラし、お終いには自分が怒っていることにさえも腹が立つといった状態」だと表現しています（西川・射場、二〇〇四）。だからその時期を子どもたちがなるべく快適に乗り越えるために、さまざまな工夫が積み重ねられています。

まずは、そのクラスの「かみつき」がどの時間帯、どこで、誰と誰の間で多発しているかを知ることが重要です。

表14 「かみつき」カード

9月14日（月）時間 12:10			○ かみつき ひっかき
噛んだ子	なつき	状況	車の取り合い
噛まれた子	ふゆ	場所	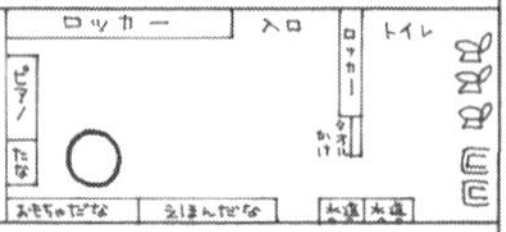
処置	冷やす		
保護者連絡（西川）	お迎えの折、状況含めてふゆちゃんのお父さんに伝える。「わかりました」とのこと。		

そのために『かみつき』カード」をつけてみるのはどうでしょう？ 表14のような枠組みをつくり、保育室のレイアウトを入れた上で印刷して保育室に置いておいて、記録を残すのです。手書き部分が少ないので、短時間で記録できます。「かみつき」が起こった場所は、保育室のイラストの上に丸印で記録します。保護者対応のところは、夕方のお迎えの折に対応した人が加筆します。

一定の期間を決めて、それを集計してみると、何曜日の、どの時間帯にどこで「かみつき」が多くみられるのかを把握することができます。

以前、卒業生が職場でまとめた1歳児クラスの「かみつき」のレポートをもって学校にあそびに来てくれました。そのクラスでは曜日毎の「かみつき」の発生件数は表15のようになっていました。担任の実感としては、木曜日には多いけれど、火曜日はそれほど多いと思っていなかったとのことでした。集計から火曜日と木曜日に多いことがわかると、その原因が見えてきました。その園では、当時、1歳児クラスは月、水、金は、午前中に園庭を使い、火、木は、部屋やホールであそぶことになっていたのです。充分からだを動かしてあそぶことができない曜日に「かみつき」が発生することがわかって、火、木は、他のクラスが朝の会をしている時間帯にホールに行って、おもいっきりからだを動かしてあそぶように工夫したところ、「かみつき」が減ったということでした。

このように客観的なデータから保育の見直しのポイントを絞り込むことができればと思います。

表15　曜日別「かみつき」ひっかき発生件数

月	火	水	木	金
8	16	8	19	9

*月・水・金は午前園庭を使う。火・木は部屋・ホールの日

・生活の流れを見直す

「かみつき」が、ある時間に多発していることがわかったら、その時間帯の保育を見直してみることです。

昼食片付けから午睡への切り替えの時間の生活の見直しを例に挙げたいと思います。50ページの表3と表4に示したように、二〇〇二年度の調査と比較して、二〇二〇年度の調査では、昼食片付けから午睡への切り替えの時間の「かみつき」が減っていることが示されました。また、二〇二〇年度の調査で、昼食を時差をつけて食べているところ、午睡に時差をつけているところ、食事をできるだけ同じ保育者が担当するようにしているところに「かみつき」が少ないことが示されました（54ページ表9、表10、表11参照）。生活の流れの見直しが、「かみつき」を減らす効果をもっていることを示しています。

尾場（二〇二一）は、昼食後のあそび時間をなくして、順次午睡に入るように流れを変えた実践例を、X保育園の高月齢の1歳児及び低月齢の2歳児の在籍するBクラスの日課の見直し前後の9年間にわたる保育者の研修会資料と、担任へのインタビューによって紹介しています。

調査対象となったX保育園は、二〇一五年度の途中から午睡前のあそび時間をなくし、少人数で昼食をとることにし、食べ始める時間を少人数グループで時差をつけています。日課の見直し前のもっとも「かみつき」が多かった二〇一三年度では、14人中10人が噛んでおり、担任保育者による研修会資料に「特に昼食後は裸でもとにかくあそびにいく。邪魔だった、それがほしかった、取った取られたで泣き声が響き渡る。一方で眠たくて怒りだすHちゃんがいる。でも先に寝ると寝ているHちゃんを起こしに行く人もいる。また泣き声が響き渡る」と、保育室のすさまじいようすが記載されています。それが、日課の見直し後は「昼食後の一番眠たい時間に寝入れる」「少人数になったことで大人数で2つの便器を取り合うこともなくなり、次の子どもが待てるぐらいになった」「子どもの発信がわかりやすくなった」と、午睡前のあそびの時間をなくして入眠するようになったこと、少人数グループであそんだり食べたり活動すること、それぞれの良さがあげられています。

Bクラスには毎年14人から15人が在籍していましたが、日課の見直し前は、二〇一二年6人、二〇一三年10人、二〇一四年6人が「かみつき」をしていたのに対して、見直し後の二〇一六年以降は1人から3人となっており、二〇二〇年度のアンケートの結果と同様に、日課の見直しで「かみつき」が減ったことが示されています。

・小グループをつくる・時差をつけて昼食を食べる

48ページの図1では、0歳児クラスでは、クラスの人数が少ない方が「かみつき」がないケースが多いことが示されました。とりわけ小さい年齢で、保育室での子どもの動きが入り交じらないことが落ち着くということでしょう。クラスの人数は減らせなくても、小グループをつくることで子どもの動きを整理することは有効だと考えられます。

小グループで昼食や午睡に向かう生活には、月齢差によって固定したグループをつくるなど、毎日同じメンバーの小グループで過ごしているケースもあれば、その日その日の子どもの保育時間、体調をみて、早く眠くなりそうな子から順に食事に入っていったり、子どものあそびのようすをみて、ちょうど気持ちの区切りがつきそうなタイミングで食事に誘ったりと、日によってメンバーがかわるグループなど、いろんなグループのつくり方があるようです。いずれも、機械的におとなが決めた生活の流れに従わせるのではなく、子どもの発達や生活の流れに対応しようとしているのだと思います。

また、昼食はみんないっしょに食べ始めて、食事の終わった子から、あそぶ時間は設けずに順次寝ていくという流れのところもあります（51ページ表5の②）。この場合、食事のはじめは小グループにはなりませんが、食事時間の差があることで、食べ終わった子から順次寝る用意をして、寝るという流れになり、あそぶ活動がない分、流れはシンプルになります。いずれの場合にも、食べる場所と寝る場所を同時に確保する必要があり、保育室の使い方を考える必要があります。

・保育室のレイアウトを見直す

次に保育室のレイアウトを変えた例を紹介します。

2歳児クラス20名で4月の保育がスタートしたのですが、新入園児のAくんは、はじめての集団生活になじめず、生活の見通しがもてず、場面の切り替え毎に噛む、つねる、ひっかくと

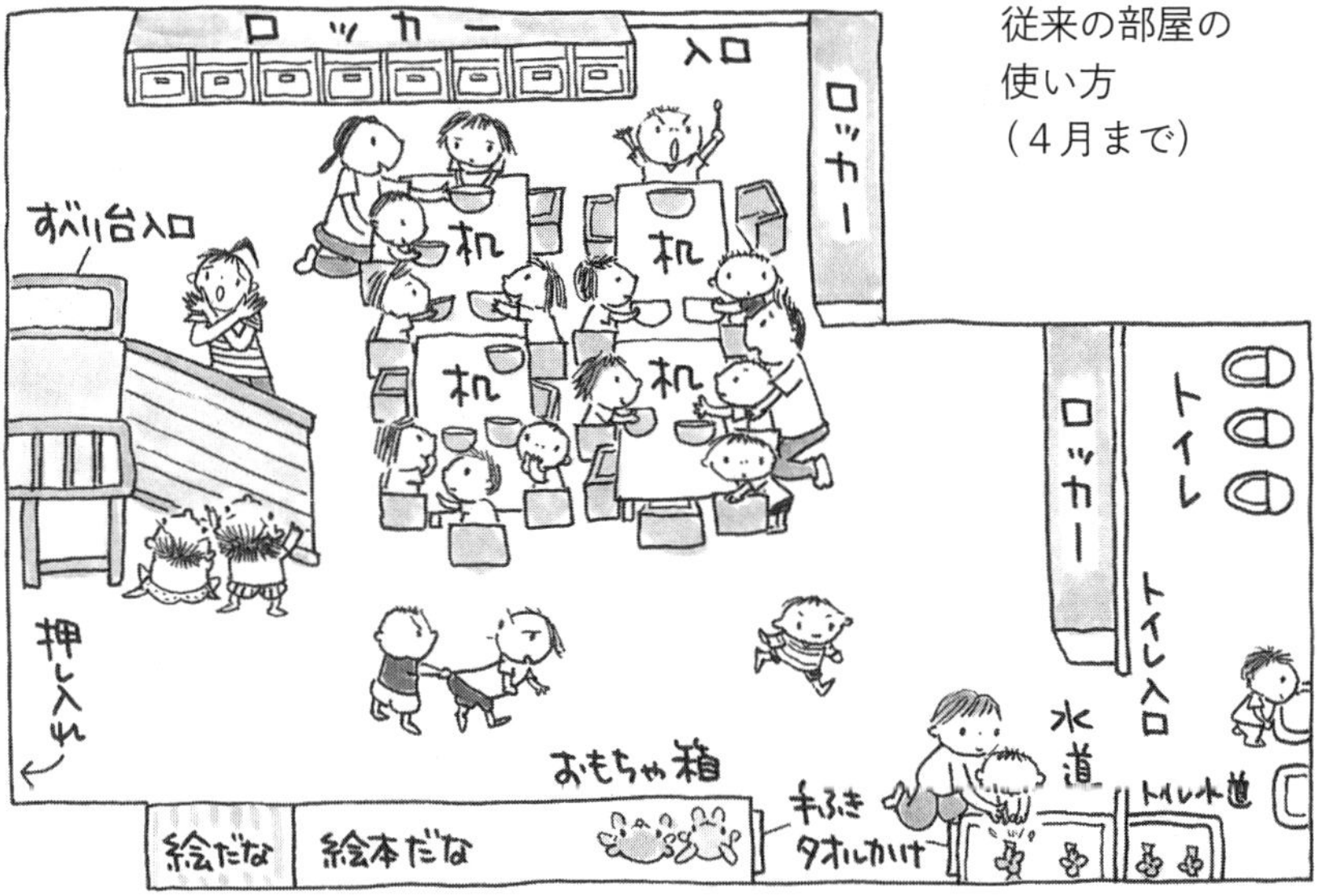

従来の部屋の
使い方
（４月まで）

あそび重視の
部屋の使い方
（５月以降）

いうトラブルを繰り返していました。昼食後のあそびの場面でのトラブルが目立ったため、食事をする際の部屋の使い方を、従来の使い方（4月まで）から変更（5月以降）したそうです。従来のレイアウトは、その園でずっと引き継がれてきたレイアウトでした。部屋の中央でのふたつのグループでの食事には、たくさんの友だちの顔を見て食事し、ときには先生からの話しかけを、クラスみんなで聞くことができました。でも、この部屋の使い方は、部屋のほとんどが食事スペースになっているため、からだを動かしてあそぶことが好きな子が集まったこの年度の2歳児には、食後にあそぶ場所が狭く感じられていました。そこで、5月からは、部屋の絵本棚側を食事スペースにしてグループごとに座り、入口側を食後のあそびスペースとして確保したのです。そうしたことですべり台も使えるようになり、食後のあそび時間のぶつかり合いが減り、午睡前の絵本を読んでもらうスペースもゆったりもてるようになったそうです（小東・小梶、二〇〇四）。

この事例では、昼食後のあそびのスペースを確保してい

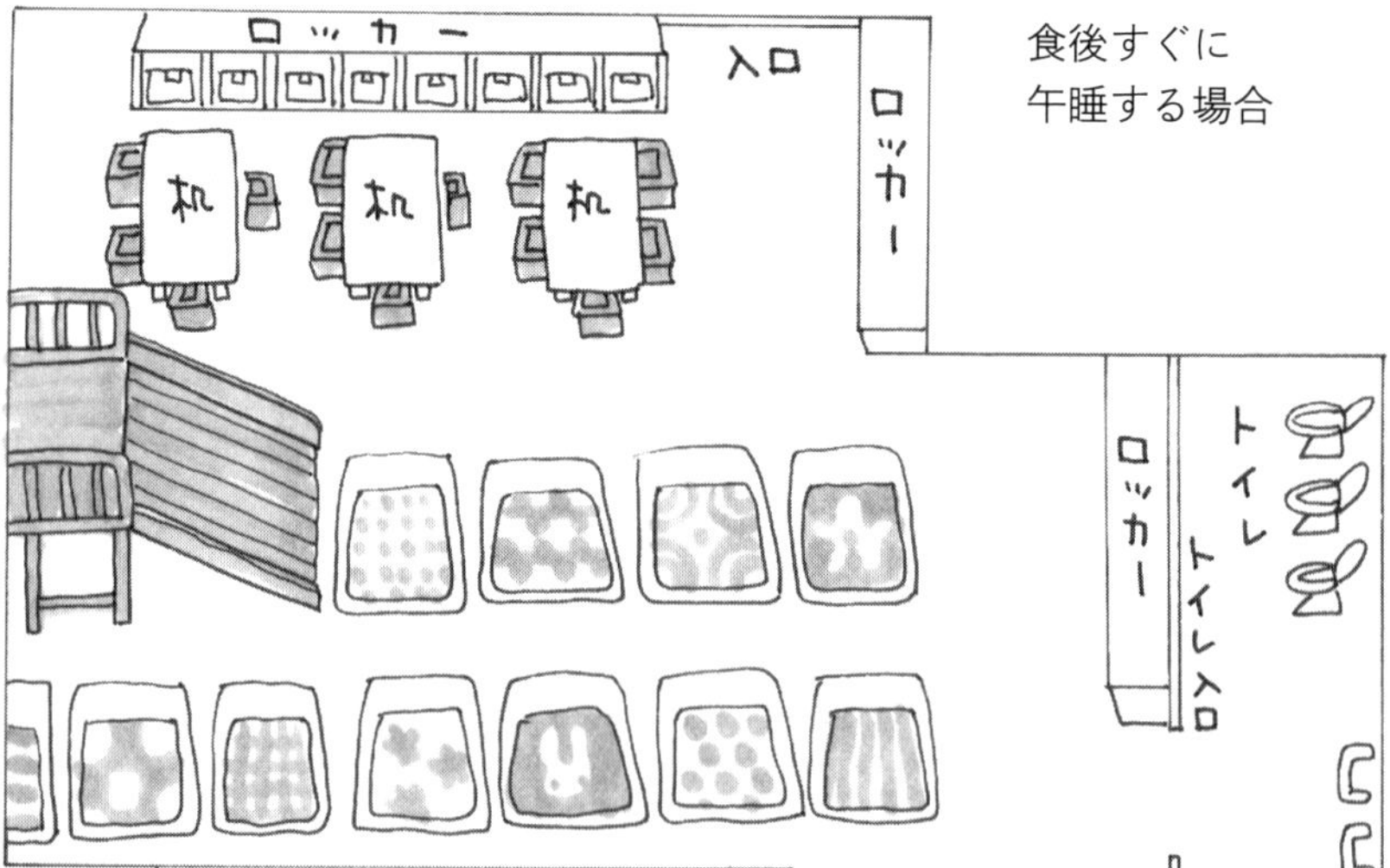

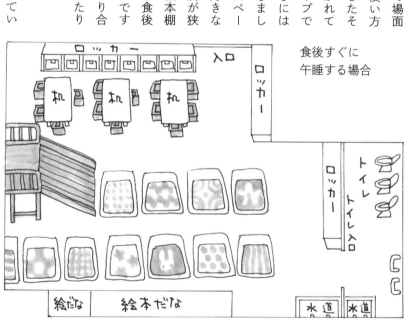

ますが、あそぶ時間をなくして午睡に入る生活の流れをつくろうとするなら、事例であそびのスペースとなっている場所を午睡スペースとして利用することも考えられます。職員同士で話し合い、そんな視点から保育室を眺めるといい案が出てくるかもしれません。

もっと小さなレイアウトの変更例もあります。1歳児クラス10名で過ごす中、昼食後、あそぶ子と着替える子が混ざる時間帯にトラブルが起こっていたときに、絵本棚に隣接して置いてあった牛乳パックでつくった着替え用のベンチを少し空間を空けて置いたところ、「あそび」と「着替え」のスペースが混ざらなくなり、「かみつき」が多い子も含めて、子どもたちが「着替えをしてからあそぶ」という見通しをもって着替えられるようになったそうです（藤巻、二〇二一）。

「かみつき」などトラブルが発生しがちな場所が把握できたら、その原因を話し合い、子どもにとって、生活の見通しがもちやすく、食べたり、あそんだり、眠ったりしやすい環境をどう整えるかを考えていくこと、その際に、「今まで通り」を変えてみようという視点をもつことが必要だと思います。

・夕方の保育をどうするか？

乳児保育が普及するにつれて、0歳、1歳クラスの子どもにも、お迎えが遅い子が増えてきています。夕方の在園児数は増えても、お迎えがあるので午前のように

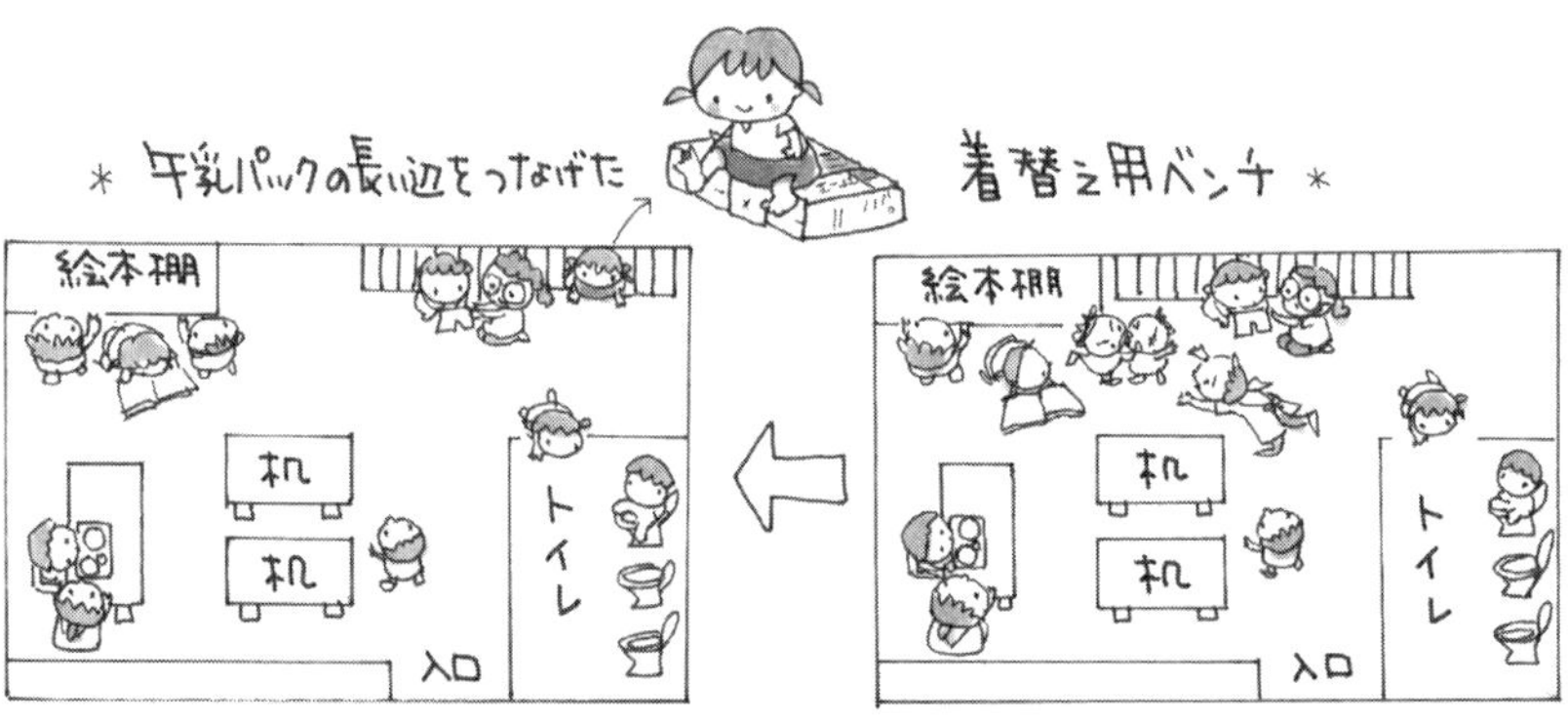

は散歩に行くことはできず、保育室とホールと園庭をみんなでうまく使うことが求められます。この時間は4節で述べる保護者との関係づくりにとってだいじな時間でもあり、保育者は子どもだけでなく、保護者ともかかわりながらの保育となりますが、1日の疲れもかかえての時間帯です。各園の工夫を研修会のなかで聞いたところ、「なるべく他のクラスと合同にせず保育室での保育を続ける」、「夕方のおもちゃを充実させる」、「トラブルになりそうな子がいっしょにならないようにコーナーをつくる」など、それぞれの園の環境に合わせての工夫が聞かれました。

日々、試行錯誤をしながら、ここちよい夕方の時間をつくる努力が積み重ねられているのだろうと思います。

・保育者を増やす・保育者の仕事を減らす

夕方の保育をはじめ、どの時間帯でも保育者がゆとりをもって子どもに接することを可能にするために、そのあわただしさをどうして解消するかを考えてみたとき、たとえば、「かみつき」が多い時間帯だけでも、他のクラスから補助の先生に入ってもらえたら、それが一番でしょう。けれども、夕方の時間帯は、どのクラスにも余裕がなく、それはなかなか難しいことです。そうであれば、あわただしい時間に保育者がしている仕事のうち、省略できることを探すこともひとつかと思います。

だいじなことは、子どもも、おとなも、ここちよい生活を送ることです。先生たちのゆとりある笑顔は、何よりたいせつです。だから「これは省略してもだいじょうぶ」と思える仕事を見つけることも、解決方法のひとつです。

・乳児保育黎明期の「かみつき」への対応に学ぶ

一九六八年の『保育の友』9月号に、田中昌人氏が、保育所の乳児部学習会で話題になったこととして、「かみつき」について述べています。当時は、保育所利用率は、1歳児1％、2歳児3％程度という時代で、二〇二三年の1歳児・2歳児の保育所等利用率57・8％とは異なり、まさに実践の試行錯誤が積み重ねられていた時代と考えられます(注4)。田中氏は「かみつき」を「仲間同士の伝え合い」ととらえています。同じ時期に『かむ』ことだけでなく、髪の毛をひっぱったり、たたいたり、パンツをぬいだりすること、しかもそれらが一人だけでするのでなく、一人がすると他の子どもたちが一斉にしだすということにも気づきました」と述べ、その友だちとの関係を基盤にして、「かみつき」を減らすために「そこにおもちゃをもってきたらどう変わるだろう、年齢の少し違うお友達とあそぶ時間もつくったらどうだろう、もっている力を人やおもちゃを媒介に、力一杯発揮させよう、ちょうど足がひとり歩きするのに広さと起伏をもった土地が必要なように、感情がひとり歩きするのには起伏のある仲間や道具が必要なのではないか」と提案しています(田中、一九六八)。

「かみつき」を「仲間同士の伝え合い」ととらえて、ときには、年齢の異なる仲間との出会いをつくったり、目新しいおもちゃと出会って、自分の思いをうまく伝えられないもどかしさから、子どもが抜け出せたらという案に、時代が変わっても有効な「かみつき」への対応を学びました。

・異年齢の子ども集団で発揮される力

幼児クラスの異年齢保育は、近年その数が増える傾向にあります。そのなかで、同年齢集団の中では見られなかった小さい子へのやさしい働きかけ、大きい子の活動の模倣などの実践報告が多数見られます。

1歳児クラスの子どもの場合でも、同年齢であればとりあいになるおもちゃの貸し借りが、相手が0歳児クラスの子の場合、譲ることができたり、2歳児クラスの子どもたちのあそびにひかれてイライラが減ったりすることが報告されています。

射場美恵子さんの1歳児クラスの4月の実践を紹介します。

2月に1歳の誕生日を迎えたけいこさんは、きゃしゃな体ですがなかなかのしっかり者。

(中略)

ある日の夕方のことでした。けいこさん(1歳2ヶ月)は、トイレで0歳児のあゆむくんとオマルに向き合って座っていました。5月生まれのあゆむくん(11ヶ月)は、きゃしゃなけいこさんに比べるとはるかにひとまわりは大きいのですが、けいこさんにとってはお隣のクラスの「あかちゃん」。お姉さんらしく、両手をそっと差し出して愛おしげにほっぺを撫でていました。ところが、数日後の夕方の保育でたんぽぽ組にやってきたあゆむくんが、けいこさんの持っていたおもちゃをほしくて引っ張りました。けいこさんは、取られまいとがんばったのですが、大きなあゆむくんの力にはかなわずとうとう取られてしまったのです。クラスの友だちなら、取り返そうとすぐに髪の毛を引っ張るか、たたくかして反撃するけいこさんなのに「あゆむくんはあかちゃん」と思っているけいこさんは、くるりと保育者の方を振り返りました。そして大声を上げて泣きながら走りより、保育者の胸に飛び込んできたのです（射場、二〇〇六）。

1歳になったばかりの子が「あかちゃんぐみ」と「ひとつ大きくなった自分のクラス」の違いをしっかり理解して、自己主張の仕方を工夫していることに驚きます。

朝夕の時間や人数の少なくなる土曜日、日常の午前の保育に時々異年齢グループの活動を入れることも、子どもたちの気分を変えるために有効になり得ると思います。もちろん、そこには保育者同士の連携や、保育者の配置の仕方など、検討課題も多いことと思います。

そうした試行錯誤を実践する折りには、「意見の違いを明確にし、一致点にもとづく実践を時期を区切ってやりきる」ことを田中昌人氏は提起しています(田中、一九七四)。

保育の見直しを担任同士でしっかり話し合い、生活の流れを変えるなどの試みをする場合は、一定期間がすぎたら、再度みんなで見直して、いっそうそのクラスにあったよいものにしていくということだと思います。職員間の話し合いが、こうした試行錯誤にはとても貴重です。

3 保護者への「かみつき」の伝え方の実態

(1) 噛まれた子の保護者に相手の名前を伝えるか？

以上のように各園がさまざまな工夫と努力を積み重ねているにもかかわらず、「かみつき」はなかなかなくなりません。そこでここでは起きてしまった「かみつき」を、保護者にどのように伝えているかという項目のアンケート結果から、それぞれの園の工夫を読み取りたいと思います。

「かみつき」をされた子どもの保護者には、保育園で起こったことは、保育園の責任と考え、止められなかったことを謝るというのが一般的な対応です。その際に、相手の子どもの名前を伝えるかどうかを聞きました。その結果、原則として伝えないところが9割、伝えるところが1割でした（表16参照）。

原則として相手の名前を伝えない場合の例外の有無を聞いたところ、55・4％で例外がありました。

表16　噛まれた子の保護者に相手の名前を伝えるか？

	回答数	%
伝えない	204	89.9
伝える	23	10.1

表17　伝えない場合の例外（複数回答）

	回答数	%
繰り返したとき	70	34.3
傷がひどい	51	25.0
年齢が高い	44	21.6
保護者の要望	26	12.7
保護者同士の関係	4	2.0
前向きな姿	1	0.5
例外あり合計	113	55.4
例外はない	91	44.6
総数	204	100

複数回答で例外になる理由を選択してもらったところ、「何度も繰り返し『かみつき』があった場合」が最も多く34・3％、ついで「傷がひどい場合」25・0％、「子どもの年齢が高い場合」21・6％と続いています。「例外はない」は44・6％でした（表17参照）。繰り返し「かみつき」があった場合、噛まれた子の保護者としては、不安が高まるため、その説明を具体的にする必要があるところからきていると思われます。傷がひどかったときも同様です。子どもの年齢が高い場合には、保育園が名前を伏せていても、噛まれた子が保護者に相手の名前を伝えるため、保育園で伝えているものと思われます。子どもが伝える名前が、時に間違っていることもあることが、二〇〇八年度の調査で示されました（西川、二〇〇九）。だから、正確な情報を伝えているということでしょう。どんな頻度で繰り返すか、どの程度の傷かなど、それぞれの「かみつき」を例外として扱うかどうかについては、今回のアンケートからは不明です。「かみつき」が起こる都度、園によってさまざまな判断がされていることが想像されます。

1割ではありますが、原則として噛まれた子の保護者にも噛んだ子の保護者にも、相手の名前を伝えるという対応がありました。

その場合の例外の有無を複数回答で聞いたところ、傷の程度が軽い場合には言わないところが4割、何度も繰り返し「かみつき」があった場合、毎回は伝えないところが3割ありました。名前を伝えるところが少ないので、詳しい分析はできませんが、ケースに応じた対応は必要だと考えているところが6割ありました。

原則としては伝えないけれど例外があるケースと、原則として伝えるケースをあわせると、二二七の回答のうち一三八件、61％で噛んだ子の名前を噛まれた子の保護者に伝えることがあるということになります。

(2) 噛んだ子の保護者に「かみつき」をしたことを伝えるか？

噛んだ子の保護者に「かみつき」をしたことを伝えるかどうか聞いたところ、原則として伝えないところが68・2％、伝えるところが31・8％でした（表18参照）。

原則として伝えないところで、例外を聞いたところ、複数回答で、何度も繰り返し「かみつき」があった場合伝えるところが全体の77・3％、傷がひどいとき伝えるところが32・7％で、子どもの年齢が高いときに伝えるところが10・7％、例外がないところは17・3％でした（表19参照）。例外になる頻度は不明ではありますが、原則としては伝えないことにしていても、例外は多いことがわかります。

原則として伝えるところは、31・8％でした。例外は、傷が軽いときや、繰り返したときで共に2割程度で、例外はないところが64・3％で、多くみられました（表20参照）。

この原則として伝えるケースと、原則としては伝えないけれど、例外的に伝える場合があるケースをあわせると、全回答二二〇ケースのうちの一九四ケース、全体の88％で噛んだ子の保護者に「かみつき」があったことを伝えることがあるということになります。

表18　噛んだ子の保護者に噛んだことを伝えるか？

	回答数	%
伝えない	150	68.2
伝える	70	31.8

表19　「かみつき」を伝えない場合の例外（複数回答）

	回答数	%
繰り返したとき	116	77.3
傷がひどい	49	32.7
年齢が高い	16	10.7
例外あり合計	124	82.7
例外はない	26	17.3
総数	150	100

表20　「かみつき」を伝える場合の例外（複数回答）

	回答数	%
傷が軽いとき	15	21.4
繰り返したとき	13	18.6
伝えなくていいと言われた	5	7.1
年齢が低い	1	1.4
例外あり合計	25	35.7
例外はない	45	64.3
総数	70	100

(3) 噛んだ子の保護者に「かみつき」をしたことを伝える際に、相手の名前を伝えるか？

次に、原則として噛んだ子の保護者に「かみつき」をしたことを伝える場合、相手の名前を伝えるかどうかを聞いたところ、原則として伝えないところと、伝えるところはおよ

そ半々でした（表21参照）。

原則として噛んだ子の保護者に「かみつき」をしたことを伝えないところで、噛んだ子の保護者に「かみつき」をしたことを伝える際に、相手の名前を伝えるか聞いたところ、原則としては伝えないところが9割でした（表22参照）。園としては、噛んだ子の保護者に相手の名前を伝えないことが多いことがわかりました。

噛まれた子の保護者への対応と噛んだ子の保護者への対応の関係を、「原則として噛まれた子の保護者に相手の名前を伝えるかどうか」と「原則として噛んだ子の保護者に『かみつき』があったことを伝えるかどうか」、さらに、「例外的対応も含めて、噛んだ子の保護者に噛みついたことを伝える際に、相手の名前を伝えるかどうか」によって、グルーピングをした結果を表23に示します。原則として双方に伝えないパターンAがもっとも多く7割弱、次に多かったのが、原則として噛まれた子の保護者に相手の名前は伝えず、噛んだ子の保護者には原則として「かみつき」があったことを伝えるというパターンBで2割程度でした。その場合にも、7割以上が噛んだ子の保護者に相手の名前は伝えていません。これは、噛まれた子の保護者は原則として相手の名前を知らないし、噛んだ子の保護者は「かみつき」をした事実は把握しているけれど、相手が誰かは知らないという状況をつくっているものです。双方が名前も含めて事実を共有しているパターンCは1割弱でした。

回答からは同じパターンに分類されていても、実際には「例外」の範囲がさまざまで

表21　原則として伝えるところで噛んだ子の保護者に「かみつき」を伝えるときに相手の名前をいうか

	回答数	%
伝えない	37	52.9
伝える	33	47.1

表22　原則として伝えないところで例外的に噛んだ子の保護者に「かみつき」を伝えるときに相手の名前をいうか

	回答数	%
伝えない	124	91.2
伝える	12	8.8

表23　原則として「かみつき」をしたことと相手の名前を保護者に伝えるか

パターン	噛まれた子の保護者に	噛んだ子の保護者に	回答数（%）	噛んだ子の保護者に相手の名前を	回答数	パターン内の%	全体の%
A	相手の名前を伝えない	噛んだことを伝えない	148 (67.1%)	伝えない	123	91.8	59.7
				伝える	11	8.2	5.3
B	相手の名前を伝えない	噛んだことを伝える	49 (22.3%)	伝えない	36	73.5	17.5
				伝える	13	26.5	6.3
-	相手の名前を伝える	噛んだことを伝えない	2 (0.9%)	伝えない	1	50.0	0.5
				伝える	1	50.0	0.5
C	相手の名前を伝える	噛んだことを伝える	21 (9.5%)	伝えない	1	4.8	0.5
				伝える	20	95.2	9.7
	合計		220		206		100

あることから、パターンAの中にも、パターンBやパターンCに近いケースがあることが推測されます。

保護者対応は、「かみつき」への対応だけを検討することは難しく、それ以外の場面での保育者と保護者の関係づくり、保護者同士の関係づくりが基盤になっていることなので、その詳細を次節で述べます。

4 保護者に「かみつき」をどう伝えるか？

(1) アンケートの結果から示された3つのパターン

まず表23の3つのパターンについて考えていきたいと思います。

● パターンA 原則として、噛まれた子の保護者に、相手の名前を伝えずに「かみつき」があったことを伝える。噛んだ子の保護者には何も伝えない

パターンAの場合、噛んだ子の保護者は「かみつき」の事実を知らないので、負担を感じることなく過ごすことができます。噛まれた子の保護者は相手の名前を知ることはできません。それが園の方針だということで、おおむねそれが了解されているのだと思います。噛まれた子の保護者は子どもが話せるようになると、子どもの口から相手の名前は聞くものの、その詳細や真偽は定かではないため、子どもが噛まれた事実はわかっても、正確な人間関係がわからないことで、その状況をリアルには理解していません。

86ページの表19に示されるように「何度もかみつきを繰り返した場合」などには例外的に、噛まれた子の保護者に噛んだ子の名前を伝えることはあります。けれども、表23に示されるように、噛んだ子の保護者に「かみつき」があったことを伝えることはあっても、噛んだ相手の名前を伝えることはきわめて少ないようです。

パターンAでは、例外的に噛まれた子の保護者に相手の名前を伝えても、噛んだ子の保護者には「かみつき」をしていることだけを伝えて、相手の名前は伝えないことが多いため、直接謝るという場面は少ないと考えられます。それは、「かみつき」は園で起こったことで、園の責任として解決したいという気持ちからのことだろうと思います。

噛まれた子の保護者にとって

メリット　特になし

デメリット　噛まれた場面の詳細がわからない

噛んだ子の保護者にとって

メリット　噛んだことを知らないので、負担を感じることはない

デメリット　子どもの園での姿を把握していない

両方の保護者にとって

メリット　謝ったり、謝られたりする保護者同士の人間関係は不要

デメリット　子どもの人間関係がわからない

・パターンAの園での工夫

パターンAで「かみつき」の対応をしてきたA園のベテラン保育者に、その工夫を聞きました。パターンAの、噛まれた子の保護者のデメリットとして、名前を聞かないことで「かみつき」の具体的な場面の詳細がわからないことをあげました。そこをカバーするために、A園では、ふだんの子ども同士の人間関係を日々つぶさに保護者に伝えることをたいせつにしてきたそうです。いっしょにあそんだこと、そこでもののとりあいがあったこと、友だちをなぐさめていたこと、なぐさめられていたこと等のやりとりの相手の名前を伝えることによって、保護者に子どもの人間関係を把握してもらっていました。そうすることで、「かみつき」が起こってしまったことを伝えた際に、相手の名前を伝えなくても、噛まれた子の保護者には、相手の子どもの名前は想像できていたと思うとのことでした。その結果、相手の名前を聞かれることはほとんどなかったということでした。

噛んだ子の保護者に対しては、「かみつき」は園の責任なので、「かみつき」をしたこと

を伝えることは少なかったけれども、何度も繰り返す場合には、他に気になることがあるときなど、タイミングをみて保護者と話をして、保護者の悩みを聞く中で、可能であれば、園での子どもの姿として「かみつき」があることを伝えていたということでした。

「かみつき」の場面での人間関係については伝えなくても、ふだんの人間関係をていねいに保護者に伝えておくことで、噛まれた子の保護者が、かかわりあって過ごす保育園での生活の中の出来事として、「かみつき」をとらえることができるようになり、名前を伝える必要がなくなっていたことがわかりました。

● パターンB　原則として、噛まれた子の保護者に、相手の名前を伝えずに「かみつき」があったことを伝え、噛んだ子の保護者にも同様に相手の名前を伝えずに「かみつき」があったことを伝える

パターンBの場合、噛んだ子の保護者は「かみつき」をしているという事実は把握しているので、子どもの保育園でのようすをパターンAより正確に理解することができていると考えられます。相手が不明であっても、「かみつき」をしているという事実を知った上で子育てをすることになります。相手の名前を伝える割合も、パターンAよりは多くみられています（88ページ、表23参照）。

ここでも、噛まれた子の親に相手の名前を伝えることは例外的にはありますが、基本的には、謝ったり謝られたりする場面は少ないことと思われます。

噛まれた子の保護者にとって

メリット　相手の名前はわからないが、相手の保護者に「かみつき」をしたことが伝わっていることはわかっている

デメリット　噛まれた場面の詳細がわからない

噛んだ子の保護者にとって

メリット　「かみつき」の相手はわからないが、子どもの保育園での姿が少しわかる

デメリット　「かみつき」をしたことを聞くことは負担になる

両方の保護者にとって

メリット　保護者同士の謝ったり謝られたりする人間関係は不要

デメリット　子どもの人間関係がわからない

・パターンBの園での工夫

パターンBで「かみつき」の対応をしてきたB園のベテラン保育者に、その工夫を聞きました。パターンBでは、噛んだ子の保護者に「かみつき」をしたことを伝える必要があります。それをスムーズにするためには、保育者がどの保護者とも「かみつき」をしたことを抵抗なく伝えられるような関係を、築いておく必要があります。具体的には、A園の対応とも重なりますが、日々、保育のなかでの楽しい場面など子どものようすをていねいに保護者に伝えていることが必要で、「かみつき」についても、あまり深刻にならないように、明るいトーンでさらっと「今日、ちょっと『かみつき』もしちゃって……」と語るようにしているとのことでした。ただし、若手保育者がその口調をまねて保護者に伝えたところ、保護者が不快に思われたこともあったとのことでした。

ベテランは明るいトーンで話してもいいけれど、若手はだめだということではなく、ベテラン保育者には「かみつき」を伝えるまでに培われた保護者との信頼関係があったことと、「かみつき」が起こってしまったことに対して、保護者に申し訳ないと思っているということが根底にあっての「明るいトーン」だったというところまでを、若手保育者が丸ごとまねるのはなかなか難しいということだろうと思います。だいじなことは、日常のやりとりを積み重ねることによって、「かみつき」をしたこともためらわずに伝えられるくらい保護者との関係をしっかりつくっておくことだと思います。

●パターンC　原則として、噛まれた子の保護者にも、噛んだ子の保護者にも、「かみつき」があったことと相手の名前を伝える

パターンCの場合、保育園が把握している範囲でほぼすべての事実を伝えていることになります。双方が名前を把握しているので、「かみつき」が起こったことに関して、噛んだ子の保護者から噛まれた子の保護者にあやまる場面もあることと思われます。噛んだ子の保護者にとっては噛んだ相手の保護者との関係で、負担のあるパターンとなります。なので、謝ったり、謝られたりすることが、負担なくできる保護者同士の人間関係ができていることがパターンCの前提だと思います。

噛まれた子の保護者にとって

メリット　相手の名前がわかることで、その場の状況の詳細がわかる

デメリット　特になし

噛んだ子の保護者にとって

メリット　子どもの保育園での姿が正確にわかる

デメリット　「かみつき」をしたことと相手の名前を聞くことは負担になる

相手の保護者に謝る必要を感じる場合もある

両方の保護者にとって

メリット　子ども同士の人間関係が詳細に理解でき、保護者同士の人間関係もつくられる

デメリット　噛んだ、噛まれたといったトラブルに対応できる保護者同士の人間関係が前提として必要になる

・パターンＣの園での工夫

パターンＣで「かみつき」の対応をしてきたＣ園のベテラン保育者に、その工夫を聞きました。パターンＣでは、噛んだ子の保護者に相手の名前も含めて、「かみつき」があったことを伝える必要があります。それができるのは、「かみつき」が起こってしまったことを園の責任と考えて、噛んでしまう場面をつくったことを謝るという姿勢で、保護者と話をしているからだということです。双方に「かみつき」を伝えるということで、保育者の負担は大きいけれど、噛まれた子が相手の名前を言えるようになったら、「かみつき」があったことを伏せておくことはできないと考えて対応しているとのことでした。

こうした対応にはもちろん、パターンＡ、パターンＢ同様、日頃の対話によって保護者との信頼関係をつくることが必要であり、さらに、日々のお迎えのときやクラス懇談会な

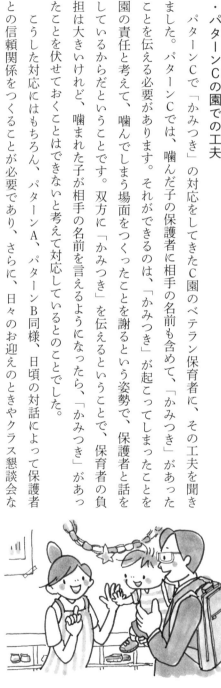

どで保護者同士の人間関係をつくることも求められます。「かみつき」を園の責任と考えての対応であるという点は、A園のベテラン保育者と同じ表現でした。具体的な対応は異なっても、保育に向かう姿勢や、保護者との関係のつくり方は共通していることに気づかされました。

噛まれた子の保護者が噛んだ子の名前を聞くことも、聞けないことも、噛んだ子の保護者が自分の子どもが「かみつき」をしたことを知ることも知らないことも、相手の名前を聞くことも聞かないことも、それぞれに一長一短があり、ベストな方法を明快に示すことはできないことがわかります。保護者への伝え方は、保育園としてはもっとも神経を使う部分であり、それぞれのパターンを選ぶにあたっては、それなりの理由があるものと思われます。

パターンAもパターンBも、名前を伝えないことが多いのは、保護者が相手の保護者に直接謝ることを避けようとしていることを示しています。保育園が「かみつき」を、子どもではなく、保育園の責任と考えていることからくるものだと思います。実際、「かみつき」を止められるかどうかは、そのとき保育者がそばにいたかどうかなど、保育園のそのときの環境が大きく作用しているのが事実で、子どもの責任ではないと考えられます。そこで配慮をして、噛んだ子の保護者に負担がかからないようにしているのでしょう。けれども、保育園で配慮をしても、子どもが話せるようになると、保護者は子どもに「かみつき」の相手を尋ねますし、ときに誤った情報も含めて、子どもが相手の名前を伝えます。ここに難しさがあると思います。

たとえば保育園で転んでケガをした場合、どんな時間にどこでどんな風に転んだのかを説明すると思いますが、それと同じ意味合いで、「かみつき」の報告で、どんな時間にどんな場面でというところまで解説があると、誰に噛まれたのかを知りたいと思う保護者の気持ちはわかります。相手の保護者に謝ってもらうということが目的ではないという保護者の思いをいくつもうかがいました。保育園での子どもの人間関係を知りたい、その場の状況をリアルに知りたいという保護者の思いがかなえられず、子どもからの情報だけが手がかりになるとき、歯がゆい思いもあるようです。

また、パターンAやパターンBの原則としては相手の名前は言わないけれど、例外があるという場合には、「繰り返す」頻度、ケガの程度などによって、同じように回答していても、実際には名前を伝えることは滅多にない場合もあれば、かなりの頻度で伝えることになる場合もあると思います。

噛まれた子の保護者が相手の名前を聞いていて、噛んだ子の保護者が子どもが噛んでいることを知らない場合に、噛んだ子の保護者が何も知らずに噛まれた子の保護者に話しかけて、噛まれた子の保護者が違和感を感じることもあるようです。噛まれた子の保護者が、跡が残って悲しい思いをしている場合は、なおさらです。このことに納得するためには、保護者が園の方針を受け入れることが必要で、保育園と保護者の信頼関係を培うことが前

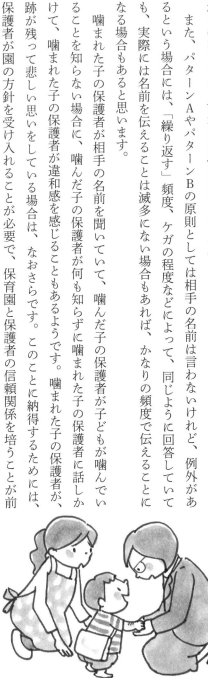

提になると思います。それが各パターンの園の工夫に出てきていた、保護者との日常のていねいな会話の積み重ねなのだろうと思います。

例外的に、噛まれた子の保護者に相手の名前を伝え、噛んだ子の保護者にも相手の名前を伝えた場合に、噛んだ子の保護者が、自分の子どもが噛まれたときには、相手の名前を教えてもらえなかったのに、自分の子どもが噛んだときには、相手の保護者が自分の子どもが噛んだ事実を知っていることを不満に思うこともあったようです（西川、二〇〇九）。これは、「かみつき」の頻度、ケガの程度など、保育園での判断は客観的に伝えづらい面があることから、どんなに工夫しても、防げないことだと思います。

自分の子どもが繰り返し「かみつき」をしていることを受けとめる保護者のつらさもあります。パターンCの、原則として「かみつき」があったことを聞くことになっている園の保護者から、お迎えに行った際に、遅い時間なのに担任の先生が残っておられるのを見ると、「自分の子が今日も『かみつき』をしたのではないか。それを伝えるために、担任が残っているのではないか」と思って「どきっ」として、話しかけられる前にさっと帰ろうと思ってしまうと聞いたこともあります。「かみつき」をしがちな子の保護者のこころのうちを聞いた気がしました。

同じくパターンCの園の保護者に、自分の子の場合、先に噛まれたのがとてもラッキーだった、「かみつき」の相手の保護者への接し方、謝り方がわかって助かったと聞いたこともあります。噛んだ子の保護者として、噛まれた子の保護者にどのように対応するかは、小さな傷だったとしても、負担になるに違いないと思いました。毎回、両方の保護者に「かみつき」の相手の名前を伝える保育者も、聞く側の保護者も、その対応は、たいへんだと思います。

でも、パターンAやパターンBの場合、ことばが話せるようになると噛まれた子どもが保護者に相手の名前を言っているので、事実かどうかは不明ではありながら、噛まれた子の保護者はほぼ相手を特定しています。一方、パターンAの場合噛んだ子の保護者は何も知らずにいるので、何かのきっかけで後に知ることになると、知らなかったことも含めてショックを感じる可能性もあります。そう考えると、あっさりその都度、事実を知ることができるパターンCには、その点でメリットがあるものと思われます。

いずれにしても、園の方針を受け入れる保護者と保育園の信頼関係、保護者同士の信頼関係がつくれているかどうかがたいせつなポイントです。

噛まれた子の保護者が、パターンAの場合には、相手は誰かわからないけれど、日々子どもは友だちとかかわって過ごしているのだからと受け入れたり、パターンBの場合には、相手の保護者も誰かを噛んだということまでは知っていて、それなりに子育てを工夫しようとしておられるだろうなと思ったり、パターンCの場合には、相手に謝ってもらう必要を感じず、おたがいさまの気持ちで、その場面を円滑に運んだりするために、同じクラスの保護者に対して、同じ保育園に通う子育て仲間としての一定の信頼感をもっていることが必要になると思います。

それを可能にするために、「かみつき」をどう伝えるかには違いがあっても、どのパター

ンの園でも、「かみつき」は噛んだ子が悪いのではなく園の責任だととらえた上で、日常的な子ども同士の人間関係を保護者にていねいに伝えているのだと思います。

子どもが相手に自分の思いを伝えようとがんばっていたり、そのなかでいざこざがあって、悲しい思いをしたり、相手に悲しい思いをさせて、気まずい思いをしたりしながら、自分が友だちと一緒にここちよく生活していくために、どうしたらいいかを学んでいるさなかに、偶発的に起こってしまった現象としてとらえられると、「かみつき」がなぜ起こったのか理解できて、少しあたたかなまなざしを向けてもらえるのではないかと思います。

(2) おとな同士の信頼関係をつくる

●保護者と保育者の信頼関係をつくるために

保護者同士の信頼関係をつくる前提として、保護者と保育者の信頼関係があることは重要です。それはどうしたらつくれるのでしょうか?

夕方のお迎えの時間、その日の子どものようすを保育者から聞いて楽しそうに会話されている保護者の姿をみかけます。日中、離れて過ごしていた時間の子どものようすを、直接聞けるのはとてもしあわせなことだと思います。子どものちょっとしたひとこと、友だちとのやりとりなど、家では想像できない出来事もあるようです。50ページの表4に示しているように、この時間は「かみつき」が多く、保育者は1日の疲れがあるだけに、緊張もして忙しい時間帯ではあるのですが、おとなの仲間づくりのためのだいじな時間帯だと思います。

自分のたいせつな子どものいいところ、かわいいところを共有できて、初めてできたことをひとつひとついっしょによろこんでくれる人が、家族以外にいるのは、とてもゆたかなことだと思います。

職場でいろんなことがあった保護者ひとりひとりが、家庭で「親」に戻る中間地点に保育園はあります。仕事モードのスイッチを、家庭モードに切り替える場としての機能も、保育園にはあると思います。お迎えに行く道すがら、「今日、あの先生、いるかな？」「昨夜のあの話、したいな」と会うことを楽しみに保育園に向かうとき、家庭モードに近づくのだと思います。

保護者にそのように思ってもらえる保育者になるためには、はじめは保育者から話しかけることが必要だと思います。忙しそうで話しかけにくい保護者も、もの静かで会話がはずまない保護者もいることでしょうが、自分がちょっと苦手なタイプの保護者にこそ、ひとこと声をかけて、「そこそこ」の人間関係を培っておくことが、いろんなトラブルがあったときの安心になります。保育中の保育者に、保護者から声をかけるのは、タイミングをつかむのが難しいと思います。保護者予備軍でもある保育実習に行く学生のなかにも、保育者に質問するのが苦手な学生はたくさんいます。ほんとは声をかけて、つながりたい気持ちはあっても、勇気が出ない若者たちがいます。

保育者に呼び止められるのが、忘れ物の指摘など聞いて気がふさぐことばかりだと、なかなか出会うことが楽しみにはならないと思います。いっしょに笑う時間を少しずつ積み重ねることで、よい関係になっていったらと思います。

●「ひとりぼっちの保護者をつくらない」―保護者同士がつながるために―

特に0歳児クラスの担任をするときには、「ひとりぼっちの保護者をつくらないこと」をたいせつに、保護者の仲間づくりもしてきたと、元朱い実保育園の西脇恭子さんから聞きました。子ども同士がなかよしになれるように働きかけるのと同じように、保護者のようすもみながら、保護者の仲間づくりのきっかけをつくっていたそうです。

たとえば、途中入園してきたAちゃんの保護者に、耳鼻科はどこに行ったらいいかと保育者が質問されたときに、自分は答えずに、Bちゃんの保護者に「Bさんはどこに行ってるの?」と聞くのです。すると、その会話をそばで聞いていたBちゃんの保護者は保育者にではなく、Aちゃんの保護者に「うちはいつも○○に行ってますよ」というように、情報を伝えます。そのあとは、保護者同士の会話が進んでいきます。この最初の一声がたいせつなのです。つないでいく相手は、家族構成や、家の場所などいろいろ考慮して、選んでいたと聞いて驚きました。その場で思いついての会話だと思っていたからです。このように、ときには保育者が計画的にはたらきかけ、ときには偶然の力も借りて、保護者同士が少しずつつながっていくと、みんなが子育て仲間を得ることになります。

何かが起こったときに、保育園の担任以外にも、相談できる人がいること、ひとりぼっ

ちではないことは、いろんなことが起こってその都度悩む子育て期にとてもこころづよいことだと思います。

●「クラスだより」や「クラス懇談会」の意義

年度初めのクラスだよりに保育園では「かみつき」が起こることがあること、それを防止するために保育園で努力していることとともに、保育園での「かみつき」への対応の方針を伝えておくことはたいせつだと思います。保護者に知識をもってもらうことで「かみつき」をより冷静に受けとめてもらえるからです。今回のアンケートも含め、例年、梅雨時に「かみつき」が発生し出すことが報告されています（57ページ、表13参照）が、その前に保護者に園の方針を含めて伝えておくことで、「かみつき」が起こってしまったときに、保育者が保護者に説明するときの負担が減ります。

また、できれば「おたより」のような文書に加えて懇談会で説明できると、その場にいる第二子の保護者などからの体験報告も出してもらえて、第一子の保護者の安心も深まります。同じ年齢の子どもを育てているとはいえ、それが一人目なのか、二人目なのかでは見通しに違いがあります。「かみつき」にしても、ショックではあっても、それがいつまでも続くことではなく、保育園ではよくあることだと第二子の保護者から聞くことは、保育者からの話とはまた違う安心感になるようです。

お迎えの時間が同じ人とは親しくなれても、時間帯の異なる人と顔をあわせることは、同じクラスの保護者であっても難しいことです。でも、それぞれ同じ時期の子育ての悩みをもち、仕事との両立に悩む保護者が一堂に会することによって、気の合う人と出会うこともあるかもしれません。夜の寝付きが悪かったり、食事のスピードが遅かったり、きょうだいとの関係づくりが難しかったり、悩みは解決しなくても、話して、うなずいて聞いてもらえることで、孤独感から解放されることもあると思います。そうして、保護者同士がつながり、子どもの友だちのようすを知ることで、いっしょに保育園で育っていること

が実感となり、「かみつき」の中にも子どもの人間関係があることなど、保育園でのさまざまな出来事の理解がしやすくなっていきます。

「クラスだより」に、園からのお知らせだけでなく、保護者のコーナーもつくり、毎月いくつかの家庭に自己紹介をしてもらっているという話も聞きました。懇談会では時間が限られているので、そんなことも含めて、お互いのことを知りあっていけるよう、保育園側の地道な工夫が求められます。

●保護者にクラスの子どもみんなに関心を広げてもらうために

保護者に自分の子どもだけでなく、クラスの子どもにも目を向けてもらうこともだいじです。

元朱い実保育園の西脇恭子さんが次のようにまとめておられます。

「日頃、我が子の姿しか知らないお父さんお母さんに、保育園でともに生活している子どもの姿も伝えたいと思うのです。日誌や、朝夕の会話で伝えながら、実際のかかわりもつくろうと『○○ちゃんのおとうさんいってらっしゃい』とみんなで見送ったり、夕方のお迎えに来られたときに一緒にあそんでもらう、握手でバイバイしてもらうなど、かかわりの場面も意識してつくってきました。子どもたちも友だちのお母さんたちとあそぶのもうれしかったようです。うちではぐずぐずいったりゴテることも多いけれど、保育園で他の子どもの様子をみることで我が子の姿も見直したり、かわいい子どもどうしのかかわりを

みてもらえたようです。子ども同士のぶつかりあいでたとえば『あの子はよくかむ子』と見がちになったりしますが、実際の姿をみてもらうと『なかなかおもしろい子やな』『うちの子が好きなんや、だからよく一緒にいるのか』とわかってもらうこともありました」（西脇・阿部、二〇〇四）。

自分の子どもだけがかわいいと思っていた保護者も、クラスの子どもたちから大声で手を振って見送ってもらったり、あそんだりのかかわりを重ねる中で、照れくさくはありつつも、他の子どもたちのかわいさに気づき、自分の子どもといっしょにいる子に関心をもつようになっていくのだと思います。子どもが友だちの名前を言えるようになるころに、友だちの顔を思い浮かべながら、子どもの話を聞くことができれば、状況がよくわかって楽しいに違いありません。そうしてクラス全体のおとなと子どもの人間関係があたたまった保育室で起こる「かみつき」に対しては、寛容になれることと思います。

(3) 保護者に伝えるときの工夫

●噛まれた子の保護者と話すとき、だいじにしたいこと

そうして、保護者との信頼関係づくりに励んでいても、「かみつき」が起こってしまうことはあります。そのときの保護者への対応について考えたいと思います。

噛まれた子の保護者に「かみつき」があったことを伝えるとき、できるだけその状況がよくわかるようにしているとよく言われます。その一方で、たとえば、AちゃんがBちゃんのもっているミニカーを取り上げようとしたときに、Bちゃんが大きく手を振って「だめ!」と言った折に、その手をAちゃんに噛まれたというような場面を伝えたら、「だめだと言ったらうちの子が悪いんですか?」と不快にさせてしまったという失敗談も聞きます。その場面だけを切り取って報告すると、そういうことになりがちだと思います。けれども、ふだんからAちゃんとBちゃんがいつもよくあそんでいること、ふたりが気の合う、よくかかわりあっている友だちだということが保護者に伝わっていて、その日の午前中もお散歩先でいっしょにどんぐりをひろってあそんでいたことが伝わると、同じ「かみつき」の場面の報告の受け止め方にも違いがあると思います。また、その日の朝から「かみつき」までの生活の中で、AちゃんもBちゃんもいろんな人とかかわり、いろんな気持ちをそれぞれの相手と共有して過ごしてきています。その生活の中の一瞬が、「かみつき」となったのです。Bちゃんが大きく手を振って「だめ!」と言うことにも、それなりの背景があるということです。「だめ!」と言って噛まれたBちゃんはもちろん悪くないし、Bちゃんの声の大きさにびっくりして噛んだAちゃんも悪くないのです。だから保育者として、「かみつき」が止められなかったことが申し訳なかったということを伝えるのだと思います。ときには、少し前からのふたりのようすを付け加えたりしながら、文字にすると同じことばであっても、保育者が伝えたいポイントを思いをこめてことばにすることで、保育者の真意が保護者に伝わるのではないかと思っています。もちろん、91ページのパターンAのA園の実践のように、ふだんから子どもの人間関係を伝えておくことが何より大事だと思います。

94ページのパターンBのB園で、若手保育者がベテランの保育者の伝え方をまねて失敗したことからわかるように、伝え方は「形」をまねてもだめなのだと思います。先輩たちが何を伝えようとしているのかという内容もよく理解して、それを自分らしくアレンジした上で、自分のことばで、誠意を込めて伝えることからスタートするのがいいと思います。

保育者もまた、悪いわけではないことは、保育の現場を知っている人であれば誰もが感

じていることです。この年齢の子どもを安全に保育する条件が整っていないからです。この点については、V章で述べます。

「かみつき」が続いてしまったときなど、噛まれた子の保護者から、一度、話をゆっくり聞きたいと言われたり、保護者の不安が綴られた交換日誌から、話をした方がいいと思ったりすることがあると思います。そうしたとき、保育園のようすを正確に伝えられるように、これまでのさまざまな記録を読み返したり、その時期の発達の特徴を伝えられるよう整理するなど、緊張感をもって準備を重ねることと思います。

でも、そういうときにほんとにだいじなことは、何をどう伝えるかではなく、保護者の思いをどれだけしっかり受けとめることができるかということです。「保育園でのようすを詳しく知りたい」ということばには、『『かみつき』が続いて、ほんとに子どものことが心配でいてもたってもいられない」、「子どもの傷跡が残るかもしれないわたしの不安を、保育者はわかっているのだろうか」といった、子どもをたいせつに思う保護者のさまざまな気持ちが込められていると思います。そして、「かみつき」があることをほんとに悲しく思っているし、もう「かみつき」はされたくないと思っている自分の気持ちを保育者に伝えて、自分の子どものことを常にていねいに見ていてほしいといった願いももって、面談に来られるのではないでしょうか?

そうだとしたら、保護者が自分の気持ちをことばにできるように、しっかり「聞く」姿勢で面談に臨み、保護者の思いを受けとめることがだいじだと思います。でも、もちろんそれは、保護者のいいなりになることではありません。

たとえば、「Aちゃんは『かみつき』を繰り返すから、Aちゃんは別の場所で保育をしてほしい」と言われた場合、実際にAちゃんを別の場所で保育することを検討するのではなく、「Aちゃんを別の場所で保育してほしいと思うくらい、『かみつき』をされることをイヤだと思っておられる気持ちが伝わってきました。保育園で、どういう対応ができるか、少し時間をかけて考えさせていただけますか?」というように、保護者の気持ちをしっかり受けとめたということを、保護者に返すということです。もちろん、そうした対応をしても満足してもらえないことは多々あると思いますが、自分がいっしょにいない時間帯の子どもの生活も守ろうとする保護者なりの子どもへの愛情のひとつとして、訴えを受けとめられたらと思います。

保育者という職業人として話を聞くことは、プロの仕事だと思います。保護者のことをだいじにして、同時に自分のこともだいじにすることで、保護者とのほんとにいい関係がつくれるのだと思います。自分の直感だけでなく、理論やたくさんの経験の中から培われてきた技術を学ぶこともたいせつです。興味がある方はロジャースの来談者中心療法や平木典子さんらが解説されているアサーションの理論など学ぶとおもしろいと思います。

●噛んだ子の保護者に伝えるとき、だいじにしたいこと

ふだん「かみつき」があってもそれを伝えないことにしている園でも、何度も繰り返し

「かみつき」があるときには、「かみつき」があることを伝えるということが、アンケートで示されました（86ページ、表19参照）。保育園では、急に「かみつき」がはじまったりすると、家庭でのようすを知ることで、より子どもをしっかり理解しようという意図で、家庭での変化を聞くことはよくあるようですが、それを、「かみつき」の原因が家庭にあるように言われたと感じる保護者もあることを知り、家庭の様子を聞くことも工夫が必要なのだと思いました（西川、二〇〇九）。

保護者にとってもどかしいことに、「かみつき」は保育園で起こることなので、帰宅後に保護者が子どもに「かみつき」をしないように伝えても、子ども自身は年齢的に何を言われているかがわからないことが多いと思います。どんなに子どもに伝えたい思いがあっても、「かみつき」の直前直後でないと、具体的におとなの思いを伝えることはできないので、保護者にはどうしようもないのです。

「かみつき」は、その瞬間に保育者が止めることができれば、起こらなかった出来事なので、子どもを責めるのではなく、保育園が止められなかったことを謝罪することが、どの園でも基本のスタンスだと思います。でも、その上で、家庭でできる対応を知りたいと言われたら、それは「可能な限りゆったりのんびり楽しく家庭での時間を過ごす」ことだと思います。衝動的だったり、気持ちのコントロールが難しい子どもであっても、その子が大好きなあそびを親子で楽しみ、声を出して笑い合うような時間を積み重ねたり、自分の得意なことを家族から評価されたりすることは、その子が安心して自信をもって生きていくことにつながります。時間はかかりますが、そうしたよい時間を過ごすことで、自分自身をたいせつに思い、相手のこともたいせつに思えるようになり、気持ちのコントロールができるようになっていくのだと思います。

「かみつき」をしたことを聞いたとたん、保育園で子どもをきつく叱責する保護者がいて、伝え方が難しいという声を聞くことがあります。なんとかしたいというその保護者の思いを受けとめつつ、叱責するのとは真逆の、子どもにとって楽しくゆったりした家庭での時間を工夫して増やすことの意義を伝えられたらと思います。

反対に、「かみつき」をしていると伝えたのに、気にとめないで軽く受け流されて、がっかりするという話も聞きます。その理由はわかりませんが、そういう保護者の気持ちが自分の子どもだけでなく、子どもの通う保育園に少しでも向くように、先に述べたように「かみつき」とは関係のない場面で、楽しく話をしたりして、保護者との信頼関係を少しずつつくっていってはどうでしょう？　それには、きっと地道な努力が必要なので、保育者同士の連携も要することだろうと思います。

●幼児クラスの「かみつき」に対しての保護者への対応

今回のアンケートでは対象としていない、幼児クラスの「かみつき」への対応について、少し触れておきたいと思います。

48ページの表2で紹介したように、「かみつき」は、0歳児クラス、1歳児クラスでは、

頻度の差はあれ、ほとんどの保育園で見られますが、2歳児になると「かみつき」のないクラスもでてきます。さらに、3歳児以上になるとほとんどみられなくなります。だからこそ、幼児クラスで「かみつき」がみられることは深刻な問題となります。

3歳児クラスの事例を紹介します。Wちゃんは、少し発達の遅れがみられ、ことばはしっかり話せているものの、自分の思いが通らないときに「かみつき」をしてしまうことがあります。クラスの子どもたちもそのことがわかっているので、散歩に行くときに並ぶことになると「Wちゃん、噛まないでね」と念を押して、警戒してしまいます。Wちゃん自身、保育者に「なんで噛んだの?」と聞かれると「○○ちゃんは何もしてないけど、噛んじゃった。ごめんなさい」と答え、自分の行動がよくわかっています。噛んだ子の名前は、明らかに噛まれた子から、その保護者に伝わっています。

そんな事例に、射場美恵子さんはご自身の体験から次のようにアドバイスしています。

1 とりあえず今の子どもの現状をまず受けとめよう
2 保護者にはできるだけ楽しかったことを伝えよう
3 起きてしまったことには、そのつどていねいに対応しクラスのみんなに伝えていこう

（西川・射場、二〇〇四）

「Wちゃんが、今日も○○のときに、Aちゃんを噛んでた」といったことを子どもから聞くと、保護者は不安になります。そんなときにも、日々の生活の中でのちいさなおもしろい出来事、子どもたちのかわいいことばのやりとりなどを、保育者がていねいに保護者に伝えて信頼関係を築くと、保護者は安心して子どもを預けることができるようになります。

さらに、「『これは』と思うクラスの問題は子どもたちにわかりやすいことばで、子ども同士、保育士と子どものかかわりをていねいに見せながら伝える努力をした」と書いておられます。起こったことや、それぞれの友だちの気持ちを自分なりに理解できるようになってきた子どもに、保育者がどうかかわるかをことばだけで伝えるのではなく、かかわり方を「見せて」伝えることで、おとながそのことをどう評価しているかを、子どもは理解していきます。保育者が噛んだ子どもとどのようにかかわっているかを見て、自分がその子とどうかかわるかを決めていくのです。そしてその気持ちを、子どもが保護者に伝えてくれることで、保護者も「かみつき」が起こっている幼児クラスの現状をどう受けとめていくかを決めるのだと思います。

子どももひとりひとりに、いいところ、困ったところがあるはずです。困ったところが目立つ場合には、いっそういいところがみんなにわかるように対応すると、周りの子どもたちも、その子に一目おいて接してくれます。

4歳児クラスでの出来事です。好奇心が旺盛で、やりたいことにまっすぐ気持ちを向けるあまり、友だちに順番を譲ったりすることは難しく、その都度トラブルになるたいちゃんがいました。たいちゃんはとても電車の絵が上手でした。担任同士が「すごいなぁ」と子どもたちの前で、その絵に感心していた日の夕方の時間、子どもたちはたいちゃんを取り囲んで電車の絵を描いてもらい、その絵をたいせつに家に持って帰っていきました。

こういうことを積み重ねるなかで、たいちゃんのなかで、友だちへの関心が高まり、友

だちの気持ちが少しわかるようになり、時には順番を譲ったりすることも可能になっていくのだと思います。

そうした日常のクラス集団づくりが展開されている中で「かみつき」が起こった場合、子どもたちは、保育者の対応から日々学んでいるその子の良さや、自分自身のその子への思いも含めて、保護者にその出来事を伝えてくれると思います。そこに、日常のクラスの楽しかった出来事を伝えてもらっていることで培われた、保護者の保育者への信頼感、クラスの子どもへのあたたかいまなざしがあれば、その出来事の受けとめはよりよいものになると思います。

幼児クラスだけでなく、ちいさなクラスの子どもたちも、保育者のそれぞれの子どもへの対応をよく見ています。弱さをもつ子どもに対しても、クラスの仲間として接していく友だち関係がつくられているとき、その背後に保育者のていねいな保育が展開されていることを感じます。その雰囲気は、朝夕、保育室に出入りする保護者にも伝わっていると思います。保育園で子どもたちが日々安心して楽しく過ごせるようにすることが、保護者にとっての安心でもあると思います。

（注1）χ^2（カイ二乗）検定では、各年齢クラスと「かみつき」の有無に関連があるかどうか（年齢クラスによって「かみつき」の有無の比率は異なると言えるかどうか）を検討する。検定では「両者（年齢クラスとかみつき）に関連性はない」とあえて逆の仮説（「帰無仮説」と呼ぶ）を立てて、帰無仮説が

正しい場合に実際の測定値のような状態が起こる確率（「有意確率」と呼ぶ）を求める。有意確率が5％未満（「5％水準で有意」「p<.05」と表記）の場合、（帰無仮説が正しいなら）20回中1回も起こらないようなことが生じている。まれなことが偶然生じたと考えるよりは、年齢クラスと「かみつき」は無関係という前提（帰無仮説）が誤りで、本当は「年齢クラスによって『かみつき』が生じる比率は異なる」ために表2のような測定値が得られたと考える。

残差分析とは、χ^2検定によって明らかになった年齢クラスと「かみつき」の有無が関連しているという結果の詳細を知るために、帰無仮説の元で予想される各セルの数値（「期待値」）と実際の各セルの測定値のずれ（残差）の程度をとらえるもの。各セルで期待値と測定値を比較して、両者の間に有意な差のあるセルを明らかにする。表2では、1歳児クラスにおいて実際に生じた「かみつき」が偶然（期待値）よりも有意に多く、2歳児クラスにおいて実際に生じた「かみつき」が偶然（期待値）よりも有意に少ないことが示された。

以下のχ^2検定には、すべてjs-STAR 2012を用いた。

（注2）t検定とは、ふたつの測定値の平均に差があるかどうかを検定するもの。ここでは、「かみつき」のあるクラスの子どもの人数の平均値と、「かみつき」の無いクラスの子どもの人数の平均値を比較している。その際、平均値だけをみるのではなく、それぞれの値のばらつきも考慮する。たとえば4と16の平均値と、9と11の平均値はともに10だが、前者はばらつきが大きく、後者はばらつきが少ないと考える。「平均に差は無い」という仮説（帰無仮説）のもとに、それぞれの平均値とばらつきを元に、図1の0歳児クラスのような測定値が得られる確率を計算したところ、それが起こる確率が5％以下であった。したがって、帰無仮説は誤りで、0歳児クラスにおいては、「かみつき」が生じるクラスと生じないクラスでは、「かみつき」が生じないクラスの方が集団の規模が小さいと考えられる。

（注3）χ^2検定については、注1を参照のこと。

（注4）文部省「幼稚園教育百年史」掲載の教育統計「第6表　保育所の年齢別入所児童数の年次推移」によれば、

一九七〇年（昭和45年）の入所1歳児は一九六九六名、2歳児は六〇七九二名である。また、厚生労働省統計情報部の「人口動態統計」によれば一九七〇年の出生数は一九三四二六九名であるため、概算で、1歳児の保育所入所率は1％、2歳児3％程度であると言える。二〇二三年の保育所等利用率の資料出典は、こども家庭庁の保育所関連状況取りまとめ（令和5年4月1日）。

Ⅳ

保育者同士の連携を高めるために

1 お互いが理解し合うためにできるちいさなこと

保護者から信頼されつつ、よりよい保育を実践していくために必要なこととして、保育者同士が十分連携をとって、保護者からの情報を共有し、保育園として保護者に情報を提供することがあげられます。朝、保護者から子どもの昨夜からの体調不良を聞いたらそれを遅出の保育者にまでしっかり伝えること、日中、ケガをしてしまったら、それをお迎えのときに伝えられるよう、みんなで共有することなど、日常的にその努力は積み重ねられていることと思います。

そうした保護者との関係だけでなく、特に０歳、１歳、２歳の場合、ほとんどが複数担任であることから、保育そのものが、保育者の連携がどれだけうまくいくかにかかっています。

射場美恵子さんは「複数の保育士が幼い子どもたちと共に暮らす時、『あうん』の意気で『段取り』をこなしていくことが、子どもたちが気持ちよく生活できることに大きく関係する」と指摘しています。そして、保育者にも生活があり、出勤前に家で気持ちが崩れる日もある中、さりげないパートナーのフォローで、いつも通りの保育ができた経験を紹介しています（西川・射場、二〇〇四）。

いろいろ説明しなくても、わかってくれる保育者仲間の存在は大きいと思います。それをわかりやすくするために、朝、子どもたちに向けて「今日先生な、○○ちゃん（先生の子どもの名前を子どもたちは知っています）が朝ご飯なかなか食べてくれへんし、大きな声で怒ってしまったらな、○○ちゃん泣いてしまってな、泣いてるまま保育園に預けてきてしまったし、先生、悲しい気持ちになってるんや」と、同じクラスの担任にもよくわかるように、自分の不調を語っている保育者に出会ったこともあります。魅力的な保育者だと思いました。

保育は担任同士で「こうしてこうしたらこうなる」という見通しをもてると、スムーズに進むと思います。たとえば、子どものあそびをだんだん終わりにもっていくために、一声かけるタイミングは、時計を見ていてもわからず、子どものその日のあそびの盛り上がり方や、子どもの出席状況、保育者の配置などさまざまな要因で判断されているのだと思います。その保育者の意図を、見るだけで理解することは、新人にはとても難しいことです。だから、できるだけその判断をことばにして若手に伝えていくと、伝えようとしてくれているベテランの気持ちも含めて、若手も保育の流れが理解できるようになっていくと思います。日々の保育への疑問を、組んでいる先生に若手が気兼ねなく質問できるような保育のゆとりがあることが望まれます。

2 保育観の不一致をどうするか

実習に行ってきた学生と話していて、同じクラスの先生が違う指示をされるので困ったという話をよく聞きます。A先生といるときはA先生の言われた方法、B先生といるときはB先生の言われた方法でと気を遣って過ごした学生もいました。学生には同じ状況に見えても、ほんとは違う状況になっていて、だから違う指示が出ていたということではないかと思いますが、同じ場面でも違う対応になることはあり得ることだと思います。

保育観の違いについて射場美恵子さんは「『集団の構成はいろいろあっていい、いろいろあるのが当たり前』と思い込むこと」とアドバイスして、「子どもを悪い子に育てようと思って保育している保育士はいない」と言っておられます（西川・射場、二〇〇四）。それがとても印象に残って、いろんな場面で思い出しています。

お皿を割った子どもへの対応に悩んでいるC先生の4歳児クラスでの話を紹介します。C先生は自分はおっちょこちょいだから、お皿を割ることがあるし、お皿を割って落ち込んでる子どもの気持ちがよくわかる。だから、お皿が割れたときには、子どもにはケガがないかを確かめたらあとはあまり怒りたくないと思っているそうです。でも、いっしょに組んでいるD先生は、お皿を割った子どもに、どうして割れてしまったのかを考えるよう

に促し、そういうことが起こらないように何に気をつけたらいいかを子どもといっしょにしっかり考える指導をされるのだそうです。D先生の子どもへの愛情はわかるけど、子どもが怒られているのを見ているとき、自分がつらいということでした。

C先生もD先生も、それぞれ子どものことを考えての対応だと思いますし、ひとりひとりの保育者がそれまでの人生の中で培ってきた対応なので、どちらがいいと第三者がコメントできないと思いました。こういうことは、きっと日々数知れず起こっているのだろうと思います。

そんなときへのアドバイスとして、射場美恵子さんは、「具体的な『今していること』を子どもの姿にしっかり照らして話し合うこと。黙ってしまったり、陰口で話し合っても子どもたちの育ちの栄養には一つもなりませんよね。その時はうまく通じ合えなくて、悲しい思いをすることもたくさんあるけれど、相手を共に保育にかかわる仲間と信頼して一生懸命に伝えれば、きっとどこかで気持ちがほぐれてくるときはくると思います。子どもたちの心は柔軟で正直です。私たちがしたように、伝えたようにどんどん変わっていきますよね。でもおとなだって心の奥深くには子どもの時の柔らかさが残っていて、新鮮なまっすぐの気持ちに触れた時『変わる』って今までたくさん体験しました」と言っておられます（西川・射場、二〇〇四）。

1年間、広くはない保育室でずっといっしょに過ごす同僚との関係づくりは、すぐにはうまくいかないことがあるのだろうと思います。でも、何年もたって相手の言っていたことが理解できるようになることもあり、それも保育の糧になると思うと、話し合うことはだいじです。何より、話し合って「変わる」体験は、かけがえのないものだからです。

3 相手の良さを知ること

不一致点を解消する前提として、どんな場面で子どもについて共感し合えるかを考えてみてはどうでしょう？　散歩先で偶然出会った犬を見たときの、ひとりひとりの子どもの反応のかわいかったこと、給食で唐揚げが出たときの、勢いのいい食べ方などなど、子どもたちのことばや、意外な姿の発見を思い出して、おもしろかった、かわいかったとしゃべりだすと、話がつきないのではないでしょうか？　そんな会話の中で、相手の子どもを見る視点の細やかさに感心したり、子ども時代に意外なあそび経験をもっていることがわかったり、相互に理解が深まっていきます。そうした場面を積み重ねて、自分と相手の共通点や相手の魅力も知った上で、「不一致」な対応についての話し合いができると、相手の気持ちが理解しやすいのではないでしょうか。

V

「かみつき」の問題と保育の制度との関連

ここまで述べてきたように、「かみつき」は、1歳から2歳にかけての子どもたちが集団で生活するときに起こりがちな問題です。だからこそ、保育の中で、さまざまな工夫を積み重ね、「かみつき」を減らし、あったとしてもそれが軽いケガですむように努力されてきているのです。どうしたら子どもひとりひとりの思いをていねいに受けとめて、子どもの意図にそった対応ができるかを考えると、その方法はわかっても、保育者が足らないことで実践できないことが多々あります。今の保育の条件は、とてもは貧弱だと思います。そこで、規制緩和がおこなわれた時期の保育の条件の変化が「かみつき」とどのように関連していたかを紹介して、保育の条件を整えることの必要性を考えたいと思います。

ここに紹介するのは二〇一七年に発表した保育園における「かみつき」と保育制度の変化との関連についての研究です（西川、二〇一七）。この研究では、乳児保育のニーズが急速に高まり、次々と待機児童対策が考え出された一九九三年から二〇一三年を対象として、その時期に発表された0歳、1歳、2歳児クラスの保育実践のなかで、「かみつき」の問題がどう扱われているかを調べました。保育実践を読んだり、発表を聞いたりするなかで、二〇〇〇年前後から保育者が「かみつき」に高い関心を示しているような実感があったからです。

0歳児と1・2歳児の保育所利用率の変遷を図2に示します（注5）。利用率が年々増加し続けていることがわかります。こうして保育所を利用する子どもが急増するなかで、保育所を利用したくても利用できない待機児もまた年々増えたことから、待機児対策としてさまざまな規制緩和がおこなわれました。

まず、一九九八年に保育所定員の弾力化が図られました。厚生労働省のホームページの「用語の解説」によれば、保育所定員の弾力化とは、市町村において待機児童解消等のため、定員を超えて入所できるようにすることをいうものです。年度当初にはおおむね認可定員に15％、年度途中においては認可定員に25％を乗じて得た人数の範囲内で、さらに年度後半にはそれを超えて保育を実施しても差し支えないとされています。いずれも、児童福祉施設最低基準を満たしていることは条件になっていますが、ここには、廊下等が含まれるため、保育室の広さはそのままに子どもの受け入れ人数が増加するケースが多くみられました。受け入れ人数の増加によって、保育者の配置数が増え、ロッカーなどの備品も増え、保育室は過密な状況になりました。

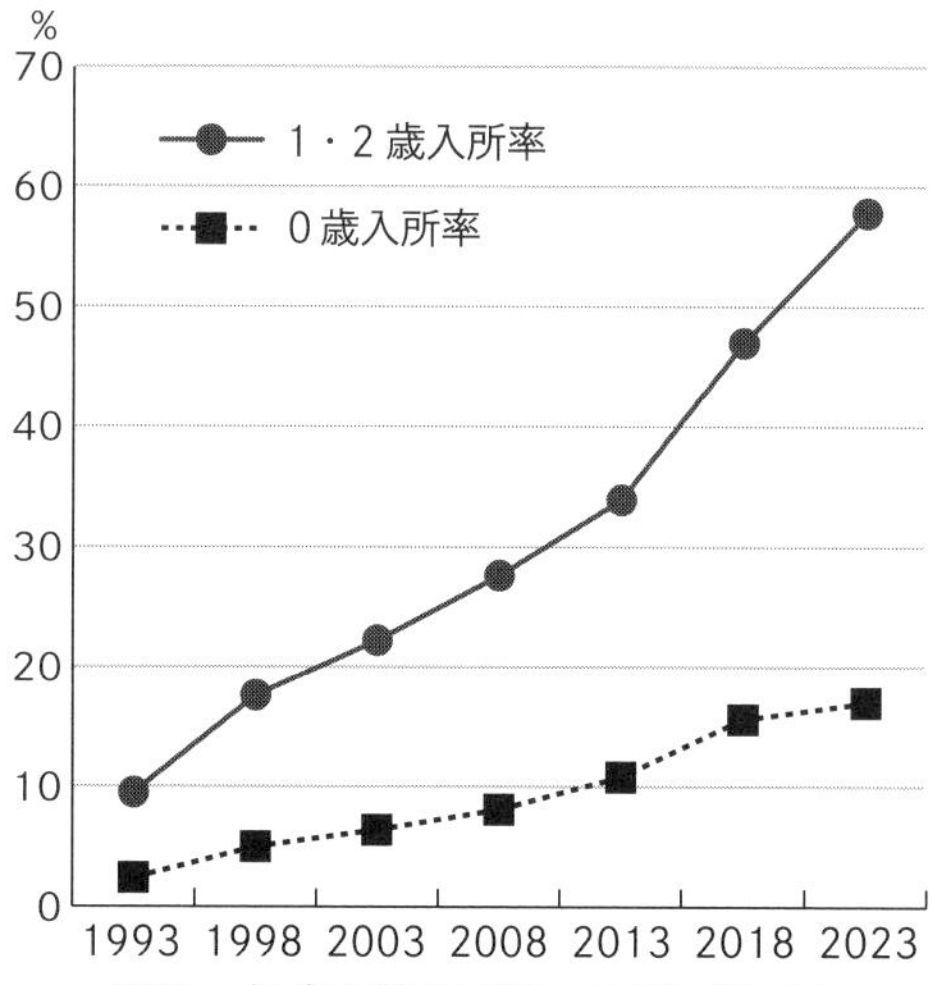

図2　保育所等入所率の変遷（注5）

次に、二〇〇二年7月に短時間勤務の保育士の配置の規制が緩和されました。厚生労働省のホームページによれば、短時間勤務の保育士とは、保育所に勤務する保育士のうち、1日6時間未満または月20日未満勤務の保育士をさしています。従来、保育所の保育士は常勤の保育士を配置することを原則として、最低基準の2割までは短時間勤務の保育士を配置することができるとされてきましたが、それが常勤の保育士が各組や各グループに1

名以上配置されていること等の条件を満たす場合には、短時間勤務の保育士をあてても差し支えないこととされました。規制緩和で年度途中に入所する子ども数に対応した保育者を配置する必要性もあり、この短時間勤務の保育士が増え、クラスの職員の話し合いや職員会議をもつことが難しくなりました。

そうした、規制緩和がおこなわれた時期の保育がどうなっていたのかを確かめるために、全国規模で開催されている保育の集会における実践報告の内容を以下のような方法で調査しました。

・調査対象　「全国保育団体合同研究集会要綱（以下、保育合研と表記）」に掲載された「0歳児の保育」「1歳児の保育」「2歳児の保育」分科会の実践報告、「季刊保育問題研究（以下、保問研と表記）」に年1回企画される「全国保育問題研究集会提案特集号」に掲載された「乳児保育」分科会の実践報告、「全国保育士会研究紀要（以下、保育士会と表記）」掲載の実践報告のうち、二〇〇四年までは0歳児、1歳児、2歳児クラスを対象とした実践報告、二〇〇五年以降に関しては、「保育内容を深める（3歳未満児）」の実践報告を対象としました。

・調査期間　一九九三年から二〇一三年までとし、一九九三年から一九九八年を規制緩和前（以下「緩和前」と表記）、一九九九年から二〇〇四年を保育条件激変期（以下「激変期」と表記）、二〇〇五年から二〇一三年を規制緩和後（以下「緩和後」

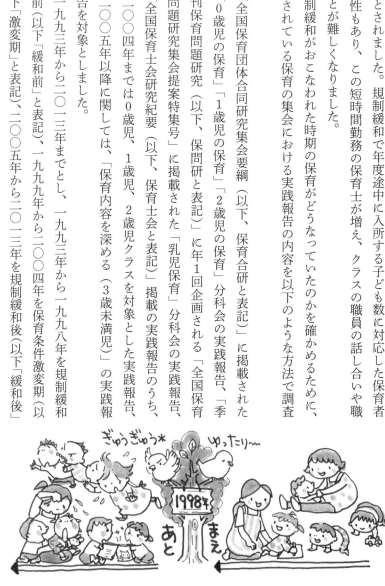

と表記）としました。各時期の実践報告数は、表24の通りです。実践報告は、前年度の実践を報告するものであるため、制度が変化した翌年の一九九九年から「激変期」としています。

・調査方法

「かみつき」語数のカウント。「かみつき」「ひっかき」「噛む」「噛まれる」「がぶっ」など、かみつきやひっかきを指すことばが実践報告のなかに何語入っているかをカウントしました。

分析にあたって「保育士会」の「激変期」の実践報告のひとつが、「かみつき」の実態調査の報告で、「かみつき」に関する語の数が非常に多かったため、外れ値とみなし、ここでは「激変期」の実践報告からその報告を除いてその検討をおこないました。

3つの研修会における3つの時期における「かみつき」語数の変化を分散分析で見たところ、時期区分に主効果が見られ（F(2/579)=3.44, p<.05）、研修会の主効果と交互作用はみられませんでした。時期の差について、多重比較をボンフェローニ法で行った結果、5％水準で「緩和前」と比べて「激変期」に「かみつき」の語数が多く見られることが示されました（図3参照）（注6）。

この結果は、保育条件が激変した時期に、実践報告において「かみつき」のしめるウエートが高くなったことを示しています。「かみつき」に関する語が多いということは、報告に何度も「かみつき」に関する語を用いて、その対応が詳しく書かれていることを示しているからです。

この「激変期」に保育園では、少しでも多く待機児童を受け入れることを要請され、保育園に入れないと仕事ができない保護者の悲痛な状況を目の当たりにして、最大限の努力をして受入数を増やしていました。もちろん、子ども一人あたりの基準面積は守った上での受け入れですが、先に述べたようにその基準には、廊下等も入るため、実質上、部屋の大きさは変わっていないのに、子どもの数が増え、そのために保育者の配置も増え、個人ロッカーも入れるということが、起こっていました。そのようすを図4でみてください。左が定員通りの受け入れの場合です。12人の子どもに2人の保育者と、子どものロッカーを12人分おいた図です。もちろん保育室には、ロッカーの他にも、おもちゃ棚や机、イスなど多数の備品があるため実際の保育室の空間はもっと物が多くあるので、空間はこんなにはありません。これはイメージ図です。右側が、同じ部屋に定員の25%増で15人の子どもを受け入れ、保育者は、2分の1人配置することはできないので3人配置し、個人ロッカーも入れたものです。実際、年度途中に子どもを多く受け入れた場合、子どもたちが安心して過ごせるよ

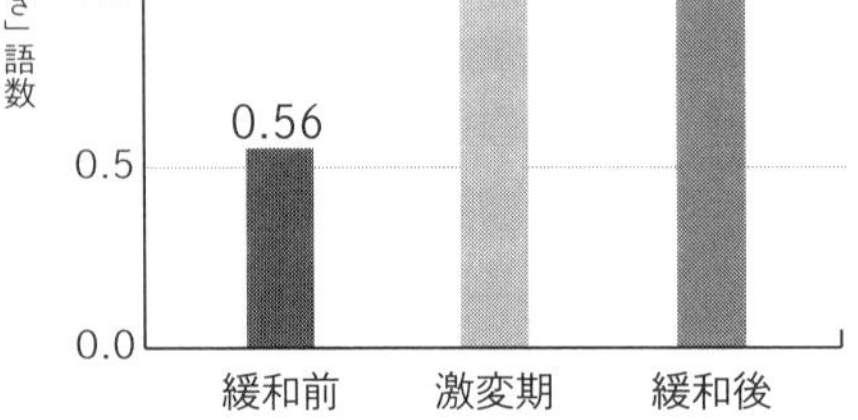

図3　時期による「かみつき」語数の変化

表24　各団体の時期区分ごとの実践報告数（単位：実践報告数）

	緩和前	激変期	緩和後	合計
保育合研	88	83	156	327
保問研	47	55	81	183
保育士会	30	31	18	79

うに、基準以上に保育者が配置されている時間帯が多くみられると思います。ロッカー以外何もおいていなくても、子どもとおとなとロッカーが増えると、どれだけ保育室が狭く感じられるかわかるかと思います。実際には、ロッカーを廊下に出したり、テラスに屋根をつけて、テラスで活動できるようにしたり、いろんな工夫がなされていました。

この「激変期」に、「かみつき」についての実践報告が多くみられたというのが、この調査の結果です。「緩和後」にも、保育の条件は変わっていないのに、「かみつき」についての実践報告が増え続けてはいないのは、Ⅲ章2節で紹介したように、各園で、生活リズムの見直しをするなど、さまざまな実践を積み重ね、対応が可能になったことを示しているものと考えられます。

この研究から言えることは、保育の条件が激変し、保育室が過密になり、職員連携が難しい状況の中で、保育の現場では、たいへんな状況を研修会で報告し、全国の実践者や研究者と意見交流を重ね、園に持ち帰って話し

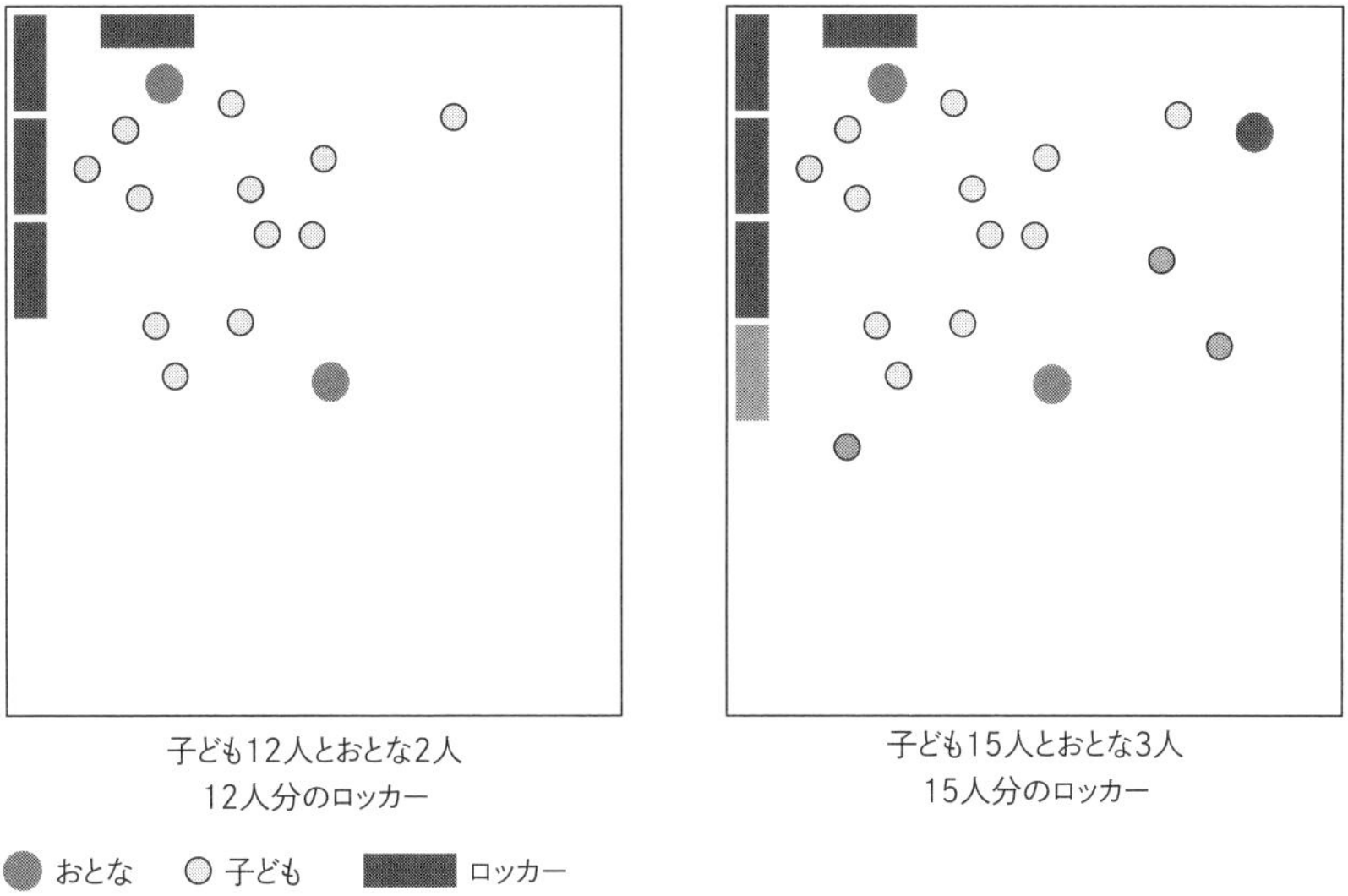

図４　定員通りの受け入れと25％増の受け入れの比較

合いを重ね、「かみつき」を減らす工夫をしてきたということです。

この研究の対象とした実践は二〇一三年まででしたが、二〇一二年に子育て関連3法が成立し、二〇一五年より子ども・子育て支援新制度が実施されるようになりました。待機児童対策のため、小規模保育施設がつくられたり、幼稚園が認定こども園となって、2歳以下の子どもを預かったり、新たな制度の中で、新たな環境の中での実践が展開されてきました。現在は、0歳児の入所が減るなど新たな局面も出てきます。そうした制度や状況の変化に対して、保育者同士の話し合いや実践研究を積み重ね、よりよい保育のための努力が日々おこなわれています。子どものしあわせを思っての保育者のこうした研鑽の積み重ねが、きちんと社会の中で評価され、保育者が生きがいをもって働き続けられるための労働条件が整えられることを強く願っています。

（注5）こども家庭庁の「保育所関連状況取りまとめ（令和5年4月1日）」、厚生労働省の「保育所関連状況取りまとめ（平成30年4月1日）」、「保育所関連状況取りまとめ（平成25年4月1日）」、「保育所関連状況取りまとめ（平成20年4月1日）」、「保育所の状況（平成15年4月1日）等について」より作成した。1998年については、厚生労働省の「保育所の入所待機児童数（平成11年4月）等について」、1993年については、厚生労働省の「平成9年社会福祉施設等調査の概況」と、「人口動態調査（E—Stat政府統計の総合窓口）」に基づいて、筆者が算出した。

（注6）ここでは1要因の分散分析をおこなった。ここでおこなった1要因の分散分析は、独立した3つ以上

の集団（ここでは、実践が書かれた時期区分による3つのグループ）から得られた測定値の平均に差があるかどうかを検定している。分散分析では注2のt検定と同様に、平均値とそれぞれの値のばらつきをみる。ここでは「かみつき」語の平均は三つの時期において差が無い（どの時期でも同じ程度に「かみつき」語が現れる）という仮説（帰無仮説）のもとで、それぞれの集団の平均値とばらつきを元に、実際の測定値のようなデータが得られる確率を求めたところ、その確率は5％以下であった。したがって、帰無仮説は誤りで、時期によって「かみつき」語の出現の程度（平均値）は異なることが示された。

　分散分析でわかるのは（有意な結果が得られた場合）すべての集団の平均値に違いがないわけではない、ということである。特定のどの集団の間に違いがあるのかはわからない。そこで、どの集団（の平均値）とどの集団（の平均値）に違いがあるのかを、集団のペアを次々に比べて確かめるのが多重比較である。ここでは、分散分析によって時期による「かみつき」語の出現数に違いがあることがわかったので、緩和前－激変期、緩和前－緩和後、激変期－緩和後のそれぞれを順次比較したところ、「緩和前」と「激変期」に差があることが示された。なお、集団のペアの比較で単純にt検定をくりかえすのではなく、有意水準の調整といったテクニックが必要なため、そうしたテクニックを総称して多重比較と呼んでいる。

　分散分析はR上で動作するプログラムanovakun_480（井関龍太）を利用した。

おわりに

保育園での子どもたちのやりとりを見たり、実践を読んで、就学までの発達の著しい時期に、ずっといっしょに過ごしてきて、いちいちことばで説明しなくても相手の気持ちがわかるようになった、まるできょうだいのような子どもたちの人間関係をうらやましく思います（平松、二〇一二、他）。とりわけ、赤ちゃんのときからいっしょに過ごしてきた友だち関係は格別なようです。

でもその人間関係を小学校に進級した子どもたちが維持していくには、おとなの援助が必要です。子ども同士は会いたくても小学校が違うとなかなか再会できません。小学校が違っても、再び会える関係をつくるために、卒園児、卒園保護者に、バザーや運動会の案内を出すのは、保育園の配慮のたまものです。自分たちで同窓会を企画できる年齢になるまで、保育園や保護者が、子どもたちの仲間関係を守るために、手を差し出すことは、とてもあたたかい支援です。かつて日中の暮らしの場だった保育園が卒園後も自分の居場所として自分を受け入れてくれて（山下、二〇二三、山並、二〇二三、他）、同級生との仲間関係を維持できることはどんなにか心強いことだと思います。そのためにも、在園期間に保護者にとっても保育園が自分の居場所になり、同じクラスの保護者とのつながりがここちよいものになっていることは、たいせつだと思います。

子育て仲間としてのクラスの保護者とのつながりが卒園後も続くことは、いろんなことが起こる子育て期をのりきる上で、保護者にとってもゆたかなことでしょう。中学進学、高校進学といろんなライフステージをともにしながら、支え合って子育てをしていくことができます。そのことは、保育園から送り出す保育者としても安心なことだとベテラン保育者から聞きました。入園してから、卒園後に至るまで、いつも知恵を絞り、時間と手間をかけて子どものしあわせを形づくってゆく保育者の姿に、敬服します。

子どもが家庭以外の場としてはじめて出会う社会が保育園です。保育園が、子どもにとっても、おとなにとっても、居心地のよい生活の場となるためには、保育者が子どもひとりひとりをていねいにみて、その保護者と語り合うことが必要です。それは、子どもの24時間をよいものにしていく上で必要不可欠なことです。そうした保育を具体的に実現しようとするときに、妨げになるのが今の保育の条件です。こんな保育がしたい、こういう保護者との関係づくりがしたいという、子どもにとっての理想の保育を実現していくために、0歳、1歳、2歳の配置基準が見直されることを願ってやみません。

ゆたかな保育をしていくためには、保育者にゆとりが必要です。保育者が笑顔で働き続けるためにも、保育者の労働条件の改善はたいせつな課題です。保護者が安心して子どもを保育園に送り出し、各々の職場で働き、保育者が子どもと居心地のよい時間を保育園で過ごすこと、それが果たせる社会こそ、子どもが笑顔で発達していける社会だからです。

本書には、20年前、射場美恵子さんから教えてもらったことを各所に再掲させていただきました。今回、あらためてやりとりもしながら、落ち着いた、あたたかな保育の空間の

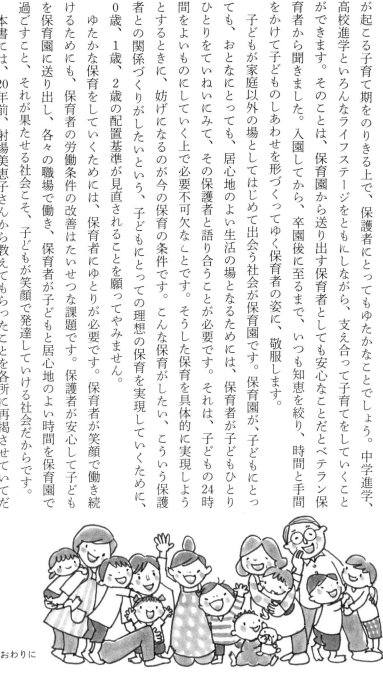

つくり方を学ぶことができました。本当にありがとうございました。

また、この本の核となる二〇二〇年度アンケートに回答していただいた京都市内の認可保育園・こども園の先生方にこの場を借りてお礼申し上げます。

わたしがこうして保育を学んでこられたのは、若い日から今日に至るまで、実際に保育に参加させていただいたり、研究会で実践を聞かせていただいているおかげです。京都保育問題研究会をはじめ、たくさんの保育者のみなさんにこころから感謝いたします。また、友だちとのいざこざも含めて、いきいきと保育園の生活を楽しみ、人間関係のつむぎ方を学んでいくようすをみせてくれた子どもたち、「かみつき」の悩みを聞かせてくださった保護者のみなさんに感謝いたします。

アンケート等のデータ分析にはいくつかの統計処理をしています。その結果の読み取り方を読者のみなさんにお伝えしたいと思い、龍谷大学の郷式徹さんに解説の仕方を教えていただきました。ありがとうございました。

今回も、イラストは柏木牧子さんにお願いしました。事例に出てくる子どもたち、保護者、保育者の思いを、文字にできないところまでていねいに読み込んで仕上げていただきました。編集はかもがわ出版の中井史絵さんに担当していただきました。お世話になりました。

二〇二四年六月二〇日

西川由紀子

〈参考文献〉

II

・麻生　武（二〇二〇）『〈私〉の誕生　生後2年目の奇跡Ｉ　自分を指差す自分の名を言う』東京大学出版会．
・加用文男（一九八六）「実践記録を読んで」『保育びと』（京都保育問題研究会）創刊号．28－41頁．
・郷間英世・田中　駿・清水里美・足立絵美（二〇二二）「現代の子どもの発達の様相と変化　新版Ｋ式発達検査一九八三と二〇二〇の標準化資料の比較から」『発達支援学研究』2巻2号．99－114頁．
・近藤直子（二〇一一）『1歳児のこころ』ひとなる書房．
・西川由紀子（二〇〇三）『子どもの思いにこころをよせて　0・1・2歳児の発達』かもがわ出版．
・西川由紀子（二〇一三）『かかわりあって育つ子どもたち　2歳から5歳の発達と保育』かもがわ出版．

III

・射場美恵子（一九九七）『納得と共感を育てる保育　0歳から就学前までの集団づくり』新読書社．
・射場美恵子（二〇〇六）『0歳から5歳の「集団づくり」の大切さ　ひとりぼっちをつくらない』かもがわ出版．
・尾場幸子（二〇二一）「乳幼児の「かみつき」をなくす保育方法についての一考察　保育園における日課の見直しに着目して」『大阪音楽大学教育研究論集』．第6号．54－64頁．
・北九州保育士会（二〇一三）『自我の芽生えとかみつき　かみつきからふりかえる保育』蒼丘書林．
・古賀松香（二〇一八）「1歳児保育の質と子どものトラブルとの関連」『保育学研究』56巻3号．21－32頁．
・小東律子・小梶栄子（二〇〇四）「プールのパンツを染めてみて」『保育びと』（京都保育問題研究会）17号．64－69頁．
・田中昌人（一九六八）「発達保障」（『保育の友』一九六八年9月号．44－45頁）．大泉溥編（二〇一一）『日本の子ども研究－明治・大正・昭和－第13巻』クレス出版．559－562頁．
・田中昌人（一九七四）『講座　発達保障への道③発達をめぐる二つの道』全障研究会出版部．

・中川智之（二〇一六）「1歳児クラスにおける『かみつき』行動の実態と要因の検討――或る保育所における1年間の記録の分析を通して」『川崎医療短期大学紀要』36巻．53―59頁．
・西川由紀子・射場美恵子（二〇〇四）『「かみつき」をなくすために　保育をどう見直すか』かもがわ出版．
・西川由紀子（二〇〇九）『「かみつき」をなくすためにPart2　おとなの仲間づくりを考える』かもがわ出版．
・西脇恭子・阿部素子（二〇〇四）「自己主張花盛り！　うさぎぐみ　みんなでつながることを大切に」『保育びと』（京都保育問題研究会）17号．38―44頁．
・藤巻りい菜（二〇二一）「1歳児の保育」『第53回全国保育団体合同研究集会要綱』66頁．
・宮前尚子（二〇一七）「かみつきの対処、どうしたらいい？」『ちいさいなかま』二〇一七年5月号No.649．32―33頁．
・文部省編（一九七九）『幼稚園教育百年史』ひかりのくに．

V

・西川由紀子（二〇一七）「保育園における『かみつき』と保育制度の変化との関連　21年間の保育実践報告の分析から」『心理科学』38巻2号．40―50頁．

おわりに

・平松知子（二〇一二）『子どもが心のかっとうを超えるとき』ひとなる書房．
・山下慶子（二〇二三）「生まれながらにみんなが持ってるもの…な〜んだ？」『季刊保育問題研究』321号．68―74頁．
・山並さやか（二〇二三）「保育園は、生まれてきてよかったね、と、とことん伝える場所なのだから」『季刊保育問題研究』321号．75―84頁．

［著者］西川由紀子（にしかわ ゆきこ）

1960年、京都市生まれ。京都大学教育学部・同大学院教育学研究科博士後期課程単位取得。現在、京都華頂大学現代生活学部こども生活学科教授。専門は発達心理学、保育学。保育園をフィールドとして、言語発達を中心に子どもの発達を研究しながら、保育士養成をしている。
著書として、「子どもの思いにこころをよせて ―0、1、2歳児の発達」（かもがわ出版）、「『かみつき』をなくすために 保育をどう見直すか」（共著、かもがわ出版）、「『かみつき』をなくすためにPart 2おとなの仲間づくりを考える」（かもがわ出版）、「かかわりあって育つ子どもたち－2歳から5歳の発達と保育」（かもがわ出版）、「実践に学ぶ保育計画のつくり方・いかし方」（共著、ひとなる書房）など。

新版・「かみつき」をなくすために
～子どももおとなも安心な毎日を～

2024年7月29日　初版第1刷発行

著　者／西川由紀子
イラスト／柏木牧子

発行者／竹村正治
発行所／株式会社かもがわ出版
〒602-8119京都市上京区出水通堀川西入
TEL 075-432-2868　FAX 075-432-2869
印刷所／シナノ書籍印刷株式会社

http://www.kamogawa.co.jp　ISBN978-4-7803-1332-1　C0037

子どもの思いにこころをよせて

0、1、2 歳児の発達

西川 由紀子◉著　　イラスト・柏木牧子

本体価格 1200 円＋税

なぜ子どもってこんなことをするのだろう⁉

子どもには、ちゃーんと理由があるんです。かみつきにだって！
そんな子どもの不思議さを、明らかにします。
子どものこころの動きを知って、おとなと子どものあいだに絆を結ぶ。
それは、子どもの発達をよく知るために、大切なこと。

新生児から2歳児までの子どもの発達のみちすじを、写真やイラストを多用して、わかりやすく解説しています。

目次

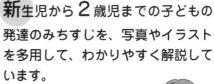